大跨度桥梁设计与转体桥施工研究

主 编：贺 婷 焦长洲 王 兵

北京工业大学出版社

图书在版编目（CIP）数据

大跨度桥梁设计与转体桥施工研究 / 贺婷，焦长洲，王兵主编． -- 北京：北京工业大学出版社，2024. 12. ISBN 978-7-5639-8747-4

Ⅰ．U448.43

中国国家版本馆 CIP 数据核字第 2025T4B644 号

大跨度桥梁设计与转体桥施工研究
DAKUADU QIAOLIANG SHEJI YU ZHUANTIQIAO SHIGONG YANJIU

主　　编：贺　婷　焦长洲　王　兵
责任编辑：付　存
封面设计：知更壹点
出版发行：北京工业大学出版社
　　　　　　（北京市朝阳区平乐园 100 号　邮编：100124）
　　　　　　010-67391722（传真）　　bgdcbs@sina.com
经销单位：全国各地新华书店
承印单位：三河市南阳印刷有限公司
开　　本：710 毫米×1000 毫米　1/16
印　　张：12.25
字　　数：230 千字
版　　次：2025 年 6 月第 1 版
印　　次：2025 年 6 月第 1 次印刷
标准书号：ISBN 978-7-5639-8747-4
定　　价：60.00 元

版权所有　　翻印必究

（如发现印装质量问题，请寄本社发行部调换 010-67391106）

编委会

主　　编：贺　婷　焦长洲　王　兵
副主编：王　义　郑　烽　曾树翔
　　　　　李长文　王小明

主编简介

贺婷，湖南省益阳人，毕业于西南交通大学项目管理专业，硕士研究生，现任职于广州铁路投资建设集团有限公司，担任总经理一职，正高级工程师职称。主要研究方向：城市地下空间工程、道路与桥梁工程。

焦长洲，河南省新乡人，毕业于西南交通大学隧道及地下工程专业，博士研究生，现任职于广州铁路投资建设集团有限公司，担任副总监一职，高级工程师职称。主要研究方向：城市地下空间工程、道路与桥梁工程。

王兵，河北省衡水人，毕业于中国地质大学长城学院土木工程专业，现任职于中铁三局集团第二工程有限公司，副总经理职务，高级工程师职称。主要研究方向：道路与桥梁工程。

前 言

随着全球经济发展和科技进步，交通运输系统对国家发展的重要性愈发凸显。大跨度桥梁作为现代交通基础设施的重要组成部分，不仅连接了城市的各个角落，也促进了区域间的经济、文化交流和互动。然而，大跨度桥梁的设计与施工面临诸多挑战，尤其是在地形复杂、环境恶劣或交通繁忙的区域。首先，随着桥梁跨度的增大，其结构形式也变得更加复杂，需要采用先进的计算方法和设计软件进行模拟和分析。其次，大跨度桥梁的施工也是一项极具挑战性的任务。传统的施工方法可能无法适应大跨度桥梁的特殊要求，因此需要采用新的施工技术和方法。其中，转体施工技术是近年来在大跨度桥梁施工中得到广泛应用的一种技术。本书旨在针对大跨度桥梁的设计与转体桥施工技术进行深入的研究和分析，以不断优化和完善大跨度桥梁的设计与转体桥施工技术，为相关领域的工程实践提供参考。

全书共八章，第一章为绪论，主要阐述了大跨度桥梁建设的成就、大跨度桥梁概念与组成、大跨度桥梁的基本分类、大跨度桥梁转体施工的发展等内容；第二章为大跨度桥梁设计理论，主要阐述了大跨度桥梁设计的计算理论、大跨度桥梁设计的稳定理论、大跨度桥梁设计的振动理论等内容；第三章为大跨度桥梁的抗震设计，主要阐述了大跨度桥梁抗震设计现状、大跨度桥梁抗震设计方法、大跨度桥梁抗震设计内容等方面；第四章为大跨度桥梁的抗风设计，主要阐述了桥梁抗风的研究现状、风对桥梁的动力作用、桥梁抗风控制及设计、大跨度桥梁施工抗风及精细化管理等内容；第五章为转体桥施工的基本内容，主要阐述了转体桥施工的重点和难点、转体桥施工的关键技术、转体桥施工的过程监控等内容；第六章为转体桥施工的安全保证，主要阐述了转体桥施工安全管理组织和转体桥施工安全保证措施等内容；第七章为转体桥施工的质量保证，主要阐述了转体桥施工质量保证体系和转体桥施工质量保证技术措施等内容；第八章为转体桥施工的应急体系和应急措施，主要阐述了转体桥施工应急体系和转体桥施工应急措施等内容。

为了确保研究内容的科学性，笔者在写作过程中参考了大量的研究文献，在此向相关专家学者表示衷心的感谢。

由于笔者水平有限，本书难免存在一些不足之处，在此，恳请同行专家和读者朋友批评指正！

编者

2024 年 7 月

目 录

第一章 绪论 ··· 1
  第一节 大跨度桥梁建设的成就 ··· 1
  第二节 大跨度桥梁概念与组成 ·· 10
  第三节 大跨度桥梁的基本分类 ·· 12
  第四节 大跨度桥梁转体施工的发展 ····································· 33

第二章 大跨度桥梁设计理论 ·· 36
  第一节 大跨度桥梁设计的计算理论 ····································· 36
  第二节 大跨度桥梁设计的稳定理论 ····································· 41
  第三节 大跨度桥梁设计的振动理论 ····································· 46

第三章 大跨度桥梁的抗震设计 ··· 57
  第一节 大跨度桥梁抗震设计现状 ······································· 57
  第二节 大跨度桥梁抗震设计方法 ······································· 61
  第三节 大跨度桥梁抗震设计内容 ······································· 84

第四章 大跨度桥梁的抗风设计 ··· 93
  第一节 桥梁抗风的研究现状 ·· 93
  第二节 风对桥梁的动力作用 ·· 95
  第三节 桥梁抗风控制及设计 ··· 108
  第四节 大跨度桥梁施工抗风及精细化管理 ···························· 118

第五章　转体桥施工的基本内容······124
第一节　转体桥施工的重点和难点······124
第二节　转体桥施工的关键技术······129
第三节　转体桥施工的过程监控······133

第六章　转体桥施工的安全保证······144
第一节　转体桥施工安全管理组织······144
第二节　转体桥施工安全保证措施······149

第七章　转体桥施工的质量保证······157
第一节　转体桥施工质量保证体系······157
第二节　转体桥施工质量保证技术措施······164

第八章　转体桥施工的应急体系和应急措施······170
第一节　转体桥施工应急体系······170
第二节　转体桥施工应急措施······174

参考文献······184

第一章 绪论

随着现代社会的快速发展和科技的持续进步,桥梁工程作为交通建设的重要组成部分,正在不断地向着更大跨度、更高技术含量和更复杂结构方向迈进。大跨度桥梁作为现代桥梁工程的杰出代表,其建设不仅体现了人类对工程技术的不断探索和创新,更是对自然环境的尊重和利用。本章围绕大跨度桥梁建设的成就、大跨度桥梁概念与组成、大跨度桥梁的基本分类、大跨度桥梁转体施工的发展等内容展开研究。

第一节 大跨度桥梁建设的成就

在过去的 15 年里,大跨度桥梁特别是以斜拉桥和悬索桥为代表的建造技术,展现出了众多令人瞩目的创新点。综合而言,桥梁工程领域正经历着前所未有的创新与发展,新型桥梁结构体系、基础设计以及主梁形式的涌现,极大地丰富了桥梁结构的多样性。与此同时,高强度钢丝、钢材以及超高性能混凝土等尖端材料在桥梁建设中的广泛应用,不仅提升了桥梁的整体性能,还促进了施工材料的革新。伴随着施工装备向巨型化、智能化方向的深入研发,我国桥梁建设装备的现代化与工业化水平实现了质的飞跃。同时,复杂地质情况桥梁建造技术的突破和智能建造技术的应用,不仅提高了施工效率,还增强了施工过程的精准度和安全性。[①]

一、大跨度桥梁新结构

随着设计理念的革新与材料科学的进步,一系列创新的桥梁结构不断涌现,如多塔结构体系桥、多索面多主桁梁桥、斜拉悬索协作体系、钢混组合梁桥、设

[①] 魏林. 超高性能混凝土在沪通长江大桥上的应用[J]. 铁道工程学报, 2019, 36(5): 85-89.

置基础、箱桁结合梁等，这些新结构不仅丰富了桥梁工程的多样性，也极大地提升了桥梁的承载能力、耐久性和美学价值。

（一）多塔斜拉桥

武汉二七长江大桥作为桥梁工程技术发展的典型代表，其主跨跨径达到了令人瞩目的 2×616 m，展现了我国卓越的工程设计与建设能力。该桥创新地采用了中塔塔梁固结与边塔主梁半飘浮体系，不仅增强了桥梁的稳定性，还提升了其跨越能力。主跨部分采用了钢筋 – 混凝土结合梁，而边跨则选用了混凝土梁，这种结构组合形式充分发挥了不同材料的优势，实现了结构性能与经济效益的最佳平衡。该桥于 2011 年年底顺利建成通车，成为连接武汉市汉口区至武昌区的重要交通枢纽。此外，还有几座类似的桥梁也相继建成并投入使用，进一步彰显了我国桥梁建设的实力与成就。其中，嘉绍跨海工程嘉绍大桥于 2013 年建成通车，其主跨跨径达到了 5×428 m。而汝郴高速赤石特大桥则于 2016 年通车，主跨跨径为 3×380 m。这些桥梁均为区域交通发展提供了有力支撑。

（二）多塔悬索桥

武汉鹦鹉洲长江大桥是桥梁建设领域的杰出代表，其主跨跨径达到了壮观的 2×850 m。在这座桥梁中，中塔的设计独具匠心，采用了纵向人字形钢筋 – 混凝土叠合塔结构。该桥于 2014 年顺利建成通车，为城市交通的便捷和高效提供了有力支撑。与武汉鹦鹉洲长江大桥类似，马鞍山长江大桥和泰州长江大桥也是大跨度悬索桥中的佼佼者。这两座桥梁均采用三塔两跨悬索桥的设计，主跨跨径均为 2×1080 m。

（三）三索面三主桁结构

武汉天兴洲长江大桥于 2009 年竣工通车，以其 504 m 的主跨径展示了桥梁工程的杰出成就。这座大桥不仅承载了 4 线铁路和 6 线高速公路的繁忙交通，更是创新性地采用了三索面三主桁的独特结构。通过对武汉天兴洲长江大桥这一标志性工程的系统研究，学者深入剖析了多索面、多主桁空间桥梁结构的复杂力学特性。在大跨度三索面三主桁结构中，即便面临跨度大、桥面宽、活载重以及列车运行速度快等多重挑战，同一断面上的 3 根索与 3 个主桁杆件却能够展现出基本均匀的受力状态。这一重要发现不仅为桥梁工程领域带来了全新的理论认识，更为解决大跨度桥梁设计与施工中的技术难题提供了有力支持。值得注意的是，随着桥梁技术的不断进步，这一研究成果已经在多个实际项目中得到了成功应用。例如，2016年竣工的合福铁路铜陵长江大桥和2019年全线贯通的沪通长江大桥，这两座大桥的主梁结构形式均与武汉天兴洲长江大桥相同。它们均为主跨径超过600 m的大跨度斜拉桥，并同样搭载了4线铁路和6线高速公路，展现了我国在桥梁设计和建造领域的卓越成就。

（四）设置沉井基础

商合杭铁路芜湖长江公铁大桥是典型代表桥梁之一，其主跨长达588 m。在3号主墩的建造过程中，创新地采用了沉井基础，这在我国深水、裸岩条件下尚属首次。具体而言，这座桥梁的沉井基础被安置在了一块倾斜且裸露的光板岩地质之上，其作业环境水深范围在15～23 m，极具挑战性。为了确保基础的稳固性，沉井嵌入岩层的深度达到了惊人的15 m，这一设计充分展现了工程师对地质条件的深刻理解与精准把握。更为关键的是，所嵌入的岩层具有极高的单轴抗压强度，高达25 MPa，这进一步验证了该沉井基础设计的科学性与合理性。

（五）大直径钻孔桩

平潭海峡公铁两用大桥元洪航道桥以其532 m的主跨径成为桥梁建设的杰出代表。该桥墩位于水深45 m的海域，其海床由弱风化花岗岩构成。为了确保桥墩的稳固，工程团队采用了直径为4.0 m和4.5 m的大直径钻孔桩，桩长达到60 m。值得一提的是，这次工程将大直径钻孔桩的桩径由既有的3.8 m提升到了4.5 m，这一创新举措不仅增强了桥墩的承载能力，也为类似海域条件下的桥梁建设提供了宝贵的经验。

（六）钢箱钢桁结合梁

商合杭铁路芜湖长江公铁大桥是桥梁工程中的杰出代表，其独特的结构和设计特点彰显了我国桥梁建设的创新实力。这座大桥作为一座4线铁路、8线公路的斜拉桥，其主梁采用了双层钢箱钢桁结合结构，双加劲桁设计，两桁架间距达到了33.8 m。值得一提的是，该桥主梁的设计摒弃了三索面三主桁结构，采用了强箱弱桁的钢箱钢桁结合梁形式。此创新设计精妙地克服了桥塔高度受限、索面布局平坦以及主梁承受水平轴力巨大等难题，为构建大型跨度、承载重载交通并满足高速通行需求的斜拉桥，开创了一种主梁断面设计模式。[1]

---

[1] 邹敏勇，易伦雄，吴国强. 商合杭铁路芜湖长江公铁大桥主桥钢梁设计[J]. 桥梁建设，2019，49（1）：65-70.

（七）整节段全焊结构

杨泗港长江大桥是一座双层公路悬索桥，以其1700 m的主跨径成为桥梁界的杰出代表。其独特的设计体现在单个吊装单元上，这些单元是由双节间钢桁梁构成，每个单元尺寸达到了36 m×32 m，且质量惊人，高达1000 t。为了优化施工效率和材料使用，桥梁采用了钢桁梁整节段全焊结构，这种结构不仅加快了钢梁的架设进度，还显著降低了主梁所需的钢材量，体现了桥梁工程的高效与环保理念。

（八）2000 mm级钢轨伸缩调节装置与梁端伸缩装置

为了满足梁端转角、伸缩变形的需求，沪通长江大桥在梁端设计位移量上达到了惊人的1636 mm。为了更全面地保障梁端轨道的连续性、平顺度及稳固性，同时显著提升高速列车运行时的舒适度与安全性，特别研发具备超大位移能力（可达2000 mm）的轨道伸缩调节装置与梁端伸缩装置。

二、大跨度桥梁新材料

（一）高强度桥梁用钢

武汉长江大桥所采用的A3钢标志着桥梁用钢的新起点，而南京大胜关长江大桥则提升至Q420qE桥梁钢，其间共经历了5个发展阶段。随着技术的不断进步，第六代的Q500qE桥梁钢已经成功应用于芜湖长江公铁大桥和沪通长江大桥，显示了其卓越的性能和可靠性。值得一提的是，更高强度的Q690qE钢材，作为国家"十三五"重点科研项目的成果，已经在武汉江汉七桥的钢桁拱上首次得到应用。

（二）高强高性能混凝土

C60高强高性能混凝土，以其低收缩性、高抗裂性、高耐久性以及卓越的泵送性能，被广泛应用于杨泗港长江大桥（塔高242 m）和沪通长江大桥（塔高325 m）的桥塔建设中。在精心设计的制备流程中，特别引入了TK-MP型黏度改性材料作为添加剂。这一创新举措带来了多重显著效益：首先，它成功地将每立方米混凝土中所需的胶凝材料量减少了约40 kg，实现了材料使用的高效优化；其次，该材料的应用还促使混凝土的绝热温升降低了6℃，有效减缓了施工过程中温度变化对混凝土性能的影响；最后，也是尤为重要的一点，它显著降低了混凝土的收缩值，降幅高达10%，这一改进对于减少混凝土在硬化过程中的收缩应力具有至关重要的作用。因此，将C60高强高性能混凝土应用于塔柱等关键结构部位的建造中，可以极大限度地降低因混凝土开裂而导致的结构安全隐患，为桥梁的整体稳固与安全提供坚实的保障。

（三）超高性能混凝土

作为一种新型的桥面铺装材料，超高性能混凝土展现出了卓越的性能特点。具体而言，其抗压强度介于100~180 MPa，抗折强度则在20~40 MPa，同时断裂能高达20~23 kJ/m。浩吉铁路荆州长江公铁大桥的建设就应用了这种新材料，它与正交异性板完美融合，形成了坚固稳定的组合结构体，共同分担并优化了受力分布，从而显著增强了钢桥面板的整体受力性能。针对桥面病害频发的现状，武汉军山长江大桥则创新性地采用了超高性能混凝土进行修复作业。实践应用证明，这种超高性能混凝土在应对重载桥梁桥面所面临的严峻挑战时展现出了卓越的性能。它不仅有效遏制了沥青混合料面层常见的滑移、脱层、拥包及车辙等病害现象，还大幅提升了桥面的耐久性，延长了桥面使用寿命，同时显著增强了桥面的行车安全性，为过往车辆提供了更加平稳、安全的通行环境。

三、大跨度桥梁新装备

随着我国桥梁建造技术的持续革新，建桥装备也实现了显著的升级与改进。这种装备水平的提升，不仅巩固了技术进步的成果，还反过来激发了桥梁建造领域的新一轮突破与创新，形成了一种良性循环、相互促进的态势。这种紧密的相互依赖关系，为我国在复杂多变的水域环境中挑战高难度桥梁建设提供了坚实的实践基础和技术保障，为未来的桥梁工程发展铺设了坚实的道路。

（一）基础施工装备

我国自主研发的KTY5000型旋转钻机，其额定最大钻径可达5.0 m，且具备深入地下180 m的卓越钻深能力。而另一款SR630RC8型旋挖钻机，其最大钻孔直径同样表现不俗，达到4.5 m，最大钻深能力为140 m。此外，还拥有IHCS800液压锤，这款设备专为直径在3.4~5.1 m的钢护筒插打而设计，确保作业的高效与精准。值得一提的是，MHU3500S液压打桩锤更是一大亮点，其锤体高度达到18.4 m，自重为318.7 t，激振动能高达3500 kJ，完全能够胜任超大直径、超高承载力钢桩的插打工作，展现出强大的作业能力。

（二）海上多功能船

"三峡福船号"和"大桥福船号"，作为目前我国海上技术领域的佼佼者，堪称多功能船中的翘楚。这两艘船只均配备了1000 t级的电动全回转绕桩式起重机，拥有强大的起重能力，以满足各种复杂的海上作业需求。更值得一提的是，它们的艏部右舷还额外配置了一台200 t的全回转起重机，进一步增强了作业的灵活性和效率。船体设计方面，两艘船均安装了四根坚固的支腿，这使得它们能够在各种海域环境下，都能保持稳定的作业状态。

（三）水下施工装备

近15年来，我国在水下爆破、清基及整平技术领域取得了令人瞩目的成就。为了满足常泰过江通道主墩沉井施工的特殊需求，我国成功研发了一种水下机器人技术。这款机器人独树一帜地配备了能够环绕其本体灵活旋转并具备伸缩能力的工作臂，这一设计使得它能够深入井孔内部及刃脚等视线难以触及的盲区，精准执行土体掘削作业，极大地提高了施工效率与精确度。芜湖长江公铁大桥3号墩的沉井基础施工面临前所未有的挑战。该沉井基础规模宏大，总尺寸达到惊人的65 m×35 m×36 m，且需嵌入岩石层深达15 m。为了克服这一难关，采用先进的多波束三维声呐技术，对水下爆破与清基作业后的基坑及其周边区域进行了全面、细致的三维扫测。这一技术的应用，不仅提高了施工效率，还形成了三维可视化地形图像，为施工提供了更加精确和全面的数据支持。①

（四）吊装设备

我国研制了多款高性能起重设备，以满足不同桥梁工程的需求。其中，专为大型桥梁建设设计的$1.8×10^4$ kN架梁吊机，凭借其卓越的起重性能脱颖而出。其额定起重力矩高达惊人的$4.14×10^5$ kN·m，加之75 m的起升高度，对于沪通长江大桥双节间钢桁梁整节段架设的严苛需求，展现出无与伦比的作业效率和精准度。同时，它还配备800 t级的变幅式吊机，该吊机在额定起重力矩上达到了80 000 kN·m的强劲水平，能够灵活应对各种复杂工况。其独特的变幅设计，允许吊臂在5~22 m范围内自由调整，结合85 m的起升高度，为芜湖长江公铁大桥钢箱钢桁结合梁的架设工作提供了强大的支持，确保了施工过程的顺利进行和桥梁结构的稳固安全。

---

① 刘爱林.芜湖长江公铁大桥设置式沉井基础施工关键技术[J].桥梁建设，2017，47（6）：7-11.

对于杨泗港长江大桥和五峰山长江大桥的双整节段钢梁架设，采用2台900 t缆载吊机，确保施工的高效与安全。同时，880 t缆索吊机在山区丽香铁路金沙江铁路悬索桥钢梁整节段架设中发挥了关键作用，展现了其强大的起重能力和适应性。

国内拥有多艘重量级先进起重船，如5000 t级的"华西海工号"、4000 t级的"津泰号"，以及两艘标志性的3600 t级起重船——"大桥海鸥号"与"大桥天一号"。其中，"大桥海鸥号"作为专为平潭海峡公铁大桥钢梁架设量身打造的起重巨擘，其起升高度直抵130 m高空，彰显了非凡的起重性能与精准操控能力。而另一艘3600 t级的"大桥天一号"，则以其运架一体的独特设计，在孟加拉国帕德玛大桥的钢梁架设工程中大放异彩。该船虽起升高度设定为54 m，但其在运输与架设间的无缝衔接能力，极大提升了施工效率与安全性，成为项目成功推进的关键力量。这些大型起重船在桥梁建设领域的广泛应用，不仅极大地加速了施工进度，更以其实践成果推动了我国桥梁建造技术的飞跃，展现了我国在桥梁工程领域的强大实力和技术创新能力。

四、大跨度桥梁新技术

（一）巨型沉井施工技术

沪通长江大桥的巨型钢沉井，其平面尺寸宏大，达到了86.9 m×58.7 m。其中，底部56 m的沉井采用了坚固的钢壳结构，质量惊人，达到了11 250 t。而上部59 m则选用了混凝土材料，确保了沉井的稳定性和耐久性。整体而言，这座巨型沉井的总高度达到了115 m，展现出了桥梁工程的雄伟与精湛技艺。在沉井的施工过程中，首先，采用了船坞整体制造技术，确保了沉井的精准制造。随后，通过出坞和浮运技术，将沉井顺利运送至指定位置。在这一过程中，大直径钢桩锚碇系统发挥了关键作用，为沉井提供了坚实的支撑。同时，液压千斤顶多项快速定位技术的应用，确保了巨型沉井能够精确地定位着床，为后续的桥梁建设奠定了坚实的基础。

（二）设置沉井基础调平技术

芜湖长江公铁大桥的3号主墩基础巧妙地运用了6套调平系统，这些系统底面稳固地支撑于基底之上，同时在顶面配置了先进的调平装置。这套设计旨在实现对沉井基础倾角和高程的精准调整，确保大桥建设过程中的稳定性和安全性。

(三) 钢塔吊装技术

鹦鹉洲长江大桥的桥塔建造过程中，采用了 D5200-240 大型塔式起重机进行钢塔节段的吊装工作。这一起重机具有出色的吊装能力和稳定性，确保了节段吊装的高效与安全。在钢塔底节的安装过程中，通过预埋支撑架实现了精确的定位。这一步骤至关重要，为后续的安装工作奠定了坚实的基础。随后，其余钢塔节段按照初定位、精调和精确定位三个步骤进行安装。

(四) 钢梁工厂化制造技术

通过全面优化与升级工厂的加工、起重、运输及存储设备性能，成功地突破了我国在大节段钢桁梁制造领域的技术瓶颈与产能面临的挑战。在精细化的制造流程中，下料加工与成型焊接两大关键环节均实现了质的飞跃，引入了先进的数控设备与智能机器人，实现了全自动化作业，这不仅提高了生产效率，还确保了加工精度和质量稳定性。同时，采用了激光扫描和三纵一横测量网技术，实现了对大节段钢桁梁制造过程的实时监测与对比，从而精准解决了制造精度的问题。这些先进技术的应用，使得每一道工序都能得到精确控制，确保了产品的尺寸精度和形状符合设计要求。此外，还对传统焊接方法和组装工艺进行了改进和优化，通过采用先进的焊接材料和工艺参数，以及优化组装流程，有效保证了焊接质量。

(五) 箱桁结合钢梁架设技术

芜湖长江公铁大桥在施工中采用了创新的架梁方法，其关键设备——800 t 变幅式架梁吊机，被精准地布置在上层公路弦杆节点处。施工顺序方面，优先选择吊装下层钢箱梁和斜腹杆，确保这些关键部件稳固就位后，再进行上层公路桥面的吊装工作。针对芜湖长江公铁大桥特有的箱桁结合梁结构，形成了一种新型的架梁方法。

(六) 整节段钢梁架设技术

沪通长江大桥的钢梁建设采用了先进的双节间整节段制造技术，确保每一节段的精确度和质量。随后，这些节段通过浮运方式安全运至施工现场，既提高了施工效率，又降低了运输成本。在桥面架设过程中，运用了桥面架梁吊机的双悬臂架设技术，这种技术具有灵活性和高效性，能够精确地安装每一块桥面板。为了确保钢梁架设的精准度，进行了钢梁架设敏感性分析，通过精确计算和模拟，预测并调整钢梁在架设过程中的变形和位移，最终实现了钢梁的精准合龙。

(七)整孔钢梁架设技术

利用3600 t"大桥海鸥号"进行整孔吊装,平潭海峡公铁大桥的钢桁梁得以顺利安装,其中节段的最大吊重高达3430 t。同样,借助3600 t"大桥天一号"进行整孔架设,帕德玛大桥的钢梁也实现了精准安装。

(八)远距离测量技术

大跨度桥梁建设过程中,远距离测量的精度至关重要,它是确保桥梁高质量建成不可或缺的技术支撑。为了提高测量精度,不断优化测量设备的性能,力求降低环境因素对测量结果的干扰。同时,采用实时动态测量技术,能够及时捕捉桥梁施工过程中的细微变化。此外,还建立了测量预警机制,一旦测量结果超出预设范围,系统便会自动发出警报,提醒施工人员及时进行调整。为了满足长期监测的需求,还实现了远程测试功能,即使在不便于人员现场操作的情况下,也能对桥梁进行持续、稳定的监测。

(九)全生命周期健康监测技术

将传统监测手段与技术进行全面拓展,将其应用范围衔接至施工期、成桥交付直至运营阶段的每一个环节,从而构建一个全方位、全寿命周期的监测架构。在此基础上,深入研发先进的监测平台,该平台不仅能实现监测数据的集成化处理与高效共享,还通过可视化技术将复杂的数据转化为直观易懂的图形界面,极大地提升监测工作的便捷性与透明度。这一变革标志着我们在桥梁监测领域迈出了重要一步,实现了自动化检测与电子化人工巡检的深度融合,更将自动化监测的触角延伸至桥梁结构的整个生命周期。

迄今为止,我国在大型桥梁健康监测领域取得了显著成就,成功部署了超过200套先进的健康监测系统。这些系统确保了我国众多桥梁的安全、稳定运营。尤其是在武汉市与成都市等关键城市,更是率先建立了路网桥梁集群监测平台,这一创新举措取得了令人瞩目的成果。目前,已有数千座桥梁被纳入这些平台,实现了集中化、智能化的监测管理。近几年来,随着国家对大数据、智能化、信息化技术的重点扶持,交通智能化发展得到了前所未有的政策支持。在此背景下,各行各业纷纷响应,出台了一系列推动交通智能化发展的政策措施。越来越多的市场主体积极投身到相关技术的研发和应用中,共同推动交通领域的智能化进程。在桥梁监测领域,一些具有代表性的桥梁如武汉阳逻长江大桥和鹦鹉洲长江大桥、云南龙江特大桥、渝利铁路韩家沱长江大桥等,均采用了先进的监测技术,实现了对桥梁健康状况的实时监测和预警,为桥梁的安全运营提供了有力保障。

第二节　大跨度桥梁概念与组成

一、大跨度桥梁的概念

按照《公路桥涵设计通用规范》（JTG D60—2015）中的桥涵技术标准，桥梁被细致划分为特大、大、中、小桥以及涵洞这五大类别，具体分类标准如表1-1所示。其中，特大桥是指那些多孔跨径总长超过1000 m，或单孔跨径大于150 m的桥梁结构。而大桥的界定则基于多孔跨径总长在100~1000 m或单孔跨径在40~150 m的桥梁，其中单孔跨径常指标准跨径，而多孔跨径则涵盖板式桥和梁式桥的多孔标准跨径总长、拱式桥起拱线间的长度，以及其他类型桥梁的桥面行车道之间的实际距离。特大桥和大桥统称为大跨度桥梁。

表1-1　桥梁涵洞分类

桥涵分类	多孔跨径总长 L/m	单孔跨径 L_k/m
特大桥	$L > 1000$	$L_k > 150$
大桥	$100 \leqslant L \leqslant 1000$	$40 \leqslant L_k \leqslant 150$
中桥	$30 < L < 100$	$20 \leqslant L_k < 40$
小桥	$8 \leqslant L \leqslant 30$	$5 \leqslant L_k < 20$
涵洞	—	$L_k < 5$

在国际上，大桥的界定更为严格，其最小单孔跨径需超过150 m。而对于特大跨度桥梁的认定，则并不局限于其庞大的体量，而是按照桥梁的具体类型制定了更为细致的标准，每种类型的桥梁都有其特定的最小单孔跨径要求。这些针对特大跨度桥梁的国际标准，已详细总结并展示在表1-2中，以供参考和比较。

表1-2　特大跨度桥梁国际标准

桥型	最小单孔跨径 L_k/m
梁式桥	$L_k \geqslant 200$
钢筋混凝土拱桥	$L_k \geqslant 300$
钢拱桥	$L_k \geqslant 500$
斜拉桥	$L_k \geqslant 500$
悬索桥	$L_k \geqslant 1000$

大跨度桥梁工程的定义如下：该工程涉及的桥梁需满足多孔跨径总长超过100 m，或单孔跨径大于40 m的条件，包括但不限于拱桥、悬索桥、梁式桥、斜拉桥，以及这些桥型相互组合形成的各类组合体系桥梁。

二、大跨度桥梁的组成

（一）桥跨结构

桥跨结构，也称为上部结构，是桥梁中承担车辆及其他荷载的关键部分，其主要功能为跨越山谷、河流和其他障碍物。桥跨结构不仅负责承受和分散这些荷载，而且通过桥梁支座将这些力量传递至下部结构。桥跨结构确保了桥上的交通在一定条件下能够正常且安全地运行，从而实现桥梁的基本功能。

（二）下部结构

下部结构由桥墩、桥台和基础构成，这些部分共同支撑起桥梁的上部结构，并将恒定的荷载以及车辆等动态荷载传递至基础。在桥梁结构中，桥台通常仅设置两个，分别位于桥梁的两端；而桥墩的设置则较为灵活，可以选择不设，或者在两个桥台之间设置一个或多个。桥墩两侧均连接着桥跨结构，起到关键的支撑作用。而桥台则不同，它的一侧与桥跨结构紧密相连，另一侧则与路堤相接。桥台不仅作为桥跨结构的支撑点，还肩负着连接桥梁与路堤的重任，有效传递并抵御来自路堤一侧的土压力，从而防止因土压力失衡导致的滑坡或坍落现象，确保桥梁与道路的整体安全与稳定。

桥梁墩台底部与地基直接接触的关键部分，称之为墩台基础。这一结构在桥梁整体架构中占据着举足轻重的地位，因为它是支撑整个桥梁重量的基石，直接决定了桥梁的稳定性和使用安全性。在桥梁施工过程中，墩台基础的施工是其中最为复杂且难度最大的环节。历史上有许多桥梁因为墩台基础的强度或稳定性出现问题而遭受损坏，这充分说明了墩台基础对于桥梁整体安全性的重要性。

（三）支座

桥梁的支座被设置在桥墩或桥台的顶部，其关键作用是承接桥跨结构上的恒定荷载与动态荷载反力，并将这些力量有效地传递到桥梁的墩台之上。除此之外，桥梁支座还需确保桥跨结构能够根据所需进行位移和转动，从而确保结构的实际受力情况与计算的理论图示相吻合。

（四）附属设施

桥梁的基本附属设施是一个完善的系统。其中，桥面系作为车辆和行人通行的平台，其安全性和舒适性至关重要。伸缩缝则巧妙地解决了因温度变化或荷载作用导致的桥梁变形问题，确保了桥梁的整体稳定性和安全性。桥头搭板作为桥梁与路堤之间的过渡结构，有效地分散了车辆通过时的冲击力，保护了桥梁和路堤的连接处。桥台的锥形护坡不仅美化了桥梁的外观，还起到了防止水土流失和加固桥台的作用。护岸和挡土墙则进一步稳固了桥梁周边的土体，防止滑坡和坍塌等自然灾害的发生。导流结构物引导水流绕过桥梁，减少了水流对桥梁的冲刷和侵蚀，保护了桥梁的基础安全。而检查设备则是桥梁维护管理的重要工具，它们帮助工程师及时发现并处理桥梁的潜在问题，确保了桥梁的长期安全运营。

第三节　大跨度桥梁的基本分类

一、斜拉桥

（一）斜拉桥的历史发展

1. 近代斜拉桥

斜拉桥是一种古老的桥型，在东南亚地区曾经发现用藤条和竹子作为"拉索"的人行桥，这可视作斜拉桥的雏形。17世纪，威尼斯迎来了建筑史上一项重要创举——由意大利工程师勒舍尔（Loscher）设计并建造的木质斜拉桥。这座桥梁不仅在当时引发了广泛关注，更被视为近代斜拉桥的起点。随后，这一创新性的桥梁设计理念逐渐传播至欧美各国，激发了工程师们探索斜拉桥结构的热情。1818年，英国一座跨越特威德河的长约79 m的人行斜拉桥毁于风振；1825年，德国人在宁堡建成一座跨径为78 m的斜拉桥，斜拉索采用铁链条和铸铁杆，但由于桥梁过载、链杆强度不足而垮塌。这两座斜拉桥的坍塌事故使得设计人员开始摒弃斜拉桥而转向悬索桥，影响了斜拉桥在此后一个多世纪的发展。

现在看来，这些桥梁的垮塌一方面受当时的技术所限，计算水平相对落后，斜拉索多以强度较低的木材、铁链制成；另一方面是人们对斜拉桥这种结构体系在理论上认识不够，误将斜拉索视作辅助主梁的受力构件，导致斜拉索在服役时很容易退出工作。

1938年，德国工程师迪辛格（Dischinger）在对一座长达750 m的双线铁路悬索桥进行深入研究时，意外地发现了一个关键的工程原理：通过增设经过充分预张力的钢质斜缆，能够显著提升桥梁的整体刚度。基于这一发现，他于1949年提出了著名的"迪辛格体系"，全面阐述了这种以斜拉技术为核心的桥梁构造体系的卓越性能和斜拉索的力学特性。在迪辛格体系中，桥梁的主跨部分主要由悬索系统提供支撑，而在桥梁的两侧，则由塔柱顶部辐射展开的斜拉索提供额外的支撑。这一体系尽管在提出之初并未立即应用于实际的桥梁建设项目中，但无疑为现代斜拉桥的设计与建设奠定了坚实的理论基础，对后来的桥梁工程发展产生了深远的影响。

2. 现代斜拉桥

1956年，由迪辛格设计的斯特劳姆桑德桥在瑞典建成，真正拉开了现代斜拉桥发展的序幕。该桥主跨为182.6 m；采用钢板梁，梁高3.25 m；门式双塔，塔高28 m；桥塔每侧只用了两对高强钢丝拉索，梁上索距为35 m左右。该桥通过对斜拉索引入预应力，将斜拉索由被动受力构件转为主动施力构件，这是和以往斜拉桥的本质区别。世界上第一座现代预应力混凝土斜拉桥是1962年建成的委内瑞拉马拉开波桥，该桥具有5个主跨，跨径均为235 m。受限于当时的计算水平，这一时期建设的斜拉桥均为稀索体系（也被称作"莫兰迪体系"），属于第一代斜拉桥。

由于稀索体系斜拉索数量少，所以单根索受力大，加劲梁无索区长，主梁仍然以受弯为主，因此主梁相对较高，自重大，配筋多。20世纪60年代后，得益于有限元理论和计算机的发展和应用，高次超静定结构分析的效率大大提高，此后几乎所有的斜拉桥都采用密索体系，较密的斜拉索给主梁提供了更多的弹性支承，使应力分布更加均匀，显著降低了梁高，结构更加轻巧，便于悬臂施工，也增强了桥梁的抗风稳定性。

第一座密索体系斜拉桥是1967年在德国建成的希埃伯特桥，该桥孔跨布置为120.1 m+280.0 m+120.1 m，主梁为钢箱梁，索塔每侧设置了20根斜拉索，主梁索距为2.24 m。

1972年在德国莱茵河上建成的库尔特舒马赫桥，跨径为287 m，该桥首次采用了295直径7 mm的平行钢丝索、HAIM锚，这种锚具有较好的抗疲劳性。1978年美国建成的主跨299 m的帕斯科-肯尼威克桥成为第一座密索体系混凝土斜拉桥，双索面采用辐射形布置。

1984年，西班牙迎来了卢纳桥的落成，这座桥以其独特的双塔双索面扇形布置的斜拉索设计，展现了部分地锚式混凝土斜拉桥的优雅结构。而在1988年，美国的达梅角桥也宣告完工，这座桥同样采用双塔双索面设计，但采用了竖琴式的混凝土斜拉桥形式。其主跨跨径达到396 m，尤为引人注目的是其主梁采用的π形横断面设计，这一设计不仅提高了桥梁的承载能力，也增强了桥梁的稳定性。在达梅角桥的建设过程中，施工团队还采用了永久索支承挂篮的施工工艺，这一先进的工艺确保了施工的高效与安全。如今，π形梁设计和永久索支承挂篮的施工工艺在双索面混凝土斜拉桥的建造中得到了广泛的应用。

　　1991年，在挪威建成的斯卡恩圣特桥，为主跨530 m的混凝土斜拉桥，梁高仅2.15 m，至今仍保持混凝土斜拉桥的跨径纪录。1995年法国修建的诺曼底大桥，主跨跨径达856 m，1999年日本修建的多多罗大桥又把主跨跨径提高到890 m。这两座斜拉桥的主梁均采用混合梁形式，把斜拉桥带入了悬索桥独占的特大跨度领域。2012年建成的主跨跨度为1104 m的俄罗斯岛桥，为目前全球已建成的主跨最长的斜拉桥，该桥桥塔高324 m，最长斜拉索达580 m。

　　我国斜拉桥建设起步较晚，第一座公路斜拉桥是1975年在四川省云阳县建造的云阳汤河溪桥，其跨径约76 m；第一座铁路斜拉桥是1980年建造的广西红水河斜拉桥，其跨径为96 m，采用平行钢绞线斜拉索。随后又陆续修建了上海泖港大桥、济南黄河大桥、重庆石门大桥等。1991年，主跨跨度为423 m的上海南浦大桥建成；1993年又在上海建成了杨浦大桥，主跨达602 m，为当时世界最大跨度的钢-混凝土结合梁斜拉桥。

　　2000年建成的南京长江二桥（南汊桥），主跨为628 m，是当时我国最大跨度的斜拉桥。后续建造了南京长江三桥（主跨648 m）、安庆长江大桥（主跨510 m）、香港昂船洲大桥（主跨1018 m），2008年建造的苏通长江公路大桥（以下简称"苏通大桥"）主跨达1088 m，一度打破了世界纪录。

　　在公铁两用斜拉桥的建设领域，中国展现了一系列令人瞩目的成就。2000年，主跨312 m的芜湖公铁两用矮塔斜拉桥建成，其主梁设计巧妙地采用了钢桁架结构，兼具了公路和铁路的通行功能。随后，在2015年，铜陵公铁两用长江大桥的落成，标志着中国公铁两用斜拉桥技术又迈上了一个新台阶，其主跨跨径达到了630 m。到了2020年，沪通公铁两用长江大桥的建成更是震惊了世界，其主跨跨径达到了惊人的1092 m，一举成为世界上跨度最大的公铁两用斜拉桥，彰显了我国在桥梁建设领域的卓越实力。而当前，正在火热建设中的常泰长江主航道桥，更是向着新的纪录迈进。这座大桥的主跨将达到1176 m，一旦建成，将再次刷新斜拉桥跨度的世界纪录，为中国桥梁建设史书写新的辉煌篇章。

（二）斜拉桥的构造

1. 主梁的构造

（1）主梁的截面形式

斜拉桥的主梁截面形式，有板式、肋板式、箱形、半封闭形截面等。

①板式。对于采用双面密索体系的混凝土窄桥结构，特别是当斜拉索锚固于实体边主梁时，板式主梁截面设计具有其独特的优势。这种截面形式以其构造简洁、建筑高度紧凑、卓越的抗风性能以及施工便捷性而广受青睐。在特定情况下，若板厚需求较大，为进一步优化材料使用与结构性能，可采用空心板式断面设计。

②箱形截面。混凝土箱形截面主梁是现代斜拉桥设计中备受青睐的截面形式。其卓越的抗弯与抗扭刚度赋予了桥梁出色的结构性能，使其能够灵活适应稀索、密索、单索面、双索面等多种不同的索面布置情况，确保了桥梁的稳定性和安全性。箱形主梁截面设计因其多样化的形式而具备高度的灵活性，能够按照实际工程的具体需求进行选择。

分离式单室双箱截面：此截面设计独特，将箱形主梁巧妙地安置于桥面两侧，恰好对应拉索所在的位置。这一布局不仅简化了施工过程，也提高了施工效率。但需要注意的是，其全截面的抗扭刚度相对较弱，需在设计时加以考虑和强化。

半封闭式箱形截面：该截面设计采用了两侧三角形封闭箱的结构，端部特别加厚以增强拉索锚固的稳定性。其外缘精心设计成风嘴状，旨在有效降低迎风阻力，提升桥梁的气动性能。尤为值得一提的是，由于中间部分省去了底板，使得整个截面的自重得到显著减轻，因此特别适用于双索面斜拉桥，能够充分发挥其结构优势。

封闭式箱形截面：这种截面设计将箱梁中心精准地对准斜拉索平面，两个箱梁共同承担承重和锚固拉索的任务。箱梁顶部则巧妙地设置了桥面系，以提升桥梁的整体性能。封闭式箱形截面以其出色的抗弯和抗扭刚度而著称，无论是单索面还是双索面的斜拉桥，都能展现出其卓越的性能表现。

三角形箱形截面：其截面有独特的形状优势，不仅能够有效抵御风力作用，减少风致振动，还广泛适用于不同类型的斜拉桥建设，无论是单索面还是双索面的斜拉桥，都能发挥其强大的抗风性能，确保桥梁的安全与稳定。

（2）梁高的确定

混凝土斜拉桥的截面尺寸设计是确保结构性能的关键。这些尺寸直接关联着桥梁的抗弯和抗扭刚度。此外，梁高的设定不仅深度影响着截面内力分布，还与拉索的间距紧密相关。在"稀索"配置中，梁高通常被设定为跨径的 1/70 ~ 1/40，以平衡结构需求与材料效率；而在"密索"配置下，梁高为跨径的 1/200 ~ 1/70，以适应更密集的拉索布局。此外，为确保桥梁在横向风荷载作用下的稳定性，主梁的宽高必须满足特定要求，即比值应大于 8。在主梁截面的具体尺寸设计中，还需综合考虑预应力肋梁式截面梁、箱形截面梁以及拉索锚固装置等因素的影响。

斜拉桥的梁高与中跨跨径之比取在 1/300 ~ 1/80 比较适宜。

2. 主塔的构造

（1）塔的组成

索塔的构造主要划分为两大核心部分，其中塔柱是索塔的关键组成部分。根据具体的应用场景和需求，塔柱可以进一步细分为单塔柱与双塔柱两种形式。

在斜拉桥的设计领域中，单塔柱因其独特优势而常见于单索面斜拉桥。此类设计中，主梁截面往往采用箱形结构，这种设计不仅赋予了桥梁外观上的简洁美感，还实现了结构尺寸的相对紧凑。但是，值得注意的是，单塔柱设计在带来便利的同时，也可能导致桥梁的中间分隔带宽度增加，进而会增加桥面整体宽度。相比之下，双塔柱设计则因其独特的结构特点而广泛应用于双索面斜拉桥，这种设计赋予主梁更大的自由度，同时增强了抗扭刚度，有助于提升桥梁的抗风、抗震性能，并减少活载的偏心影响。此外，双塔柱设计使得桥面空间更为宽敞，给人一种畅通无阻的感觉。在塔柱断面的选择上，当断面尺寸较小时，可以采用圆形、矩形等形状；而当断面尺寸较大时，为了优化视觉效果和结构性能，常需进行切角或凹槽处理。这种多角断面与凹槽的设计不仅赋予了桥梁一种纤细而挺拔的美感，还营造出一种向上耸立的动态气势，使桥梁在视觉上更显雄伟壮观。从力学角度来看，这种设计不仅满足了桥梁结构的强度、刚度等基本要求，还通过合理的形状调整，优化了结构的受力性能。同时，凹槽的设计还巧妙地解决了锚具安装的问题，为施工带来了便利。更进一步地，将塔柱断面的直角处改为圆弧面，不仅能使塔柱看起来更加柔和，还能进一步提升其抗风性能。

在斜拉桥的结构中，塔柱之间的横梁主要分为两大类：承重梁和非承重梁。承重梁主要承担受力作用，它们通常设置在主梁支座上，作为受弯横梁，以及在塔柱转折处作为压杆（或拉杆）横梁，以支撑和传递桥梁的荷载。而非承重梁则主要包括塔顶横梁和塔柱无转折的中间横梁，这些横梁虽不直接承担主荷载，但在整个桥梁结构中也起到关键的连接和稳定作用。

（2）索塔的截面形式与锚固方式

①混凝土索塔的截面形式。混凝土塔的截面形式主要包括实心体截面、H形截面和箱形截面形式等。

②索塔的锚固方式。对于采用实心体截面和H形截面形式的索塔来讲，其锚固系统采用了一种独特的对面张拉、交叉进行的方式。这种张拉方式确保了水平力在塔内相互抵消，从而使塔内不产生张拉力。

在箱形截面形式的空心索塔中，拉索对其断面产生的拉力尤为显著。为了有效应对这种较大的水平拉力，采用布置预应力筋与钢横梁的方法来分散和承担这些拉力。关于预应力筋的布置，主要有两种常见的方式：一种是直线形预应力筋布置，这种方式能够直接且有效地对抗拉索产生的拉力，增强索塔的整体稳定性；另一种则是环形（或U形）预应力筋布置方式，它通过形成环状结构，能够更好地分散和平衡拉力，提高索塔的承载能力。除了预应力筋的布置，还采用布置钢横梁的方式来进一步承担拉索的水平拉力。

3. 拉索的构造

（1）拉索的类型

拉索是斜拉桥的重要受力构件。目前，常采用的类型有平行钢丝索、钢绞线和封闭式钢缆。

①平行钢丝索。平行钢丝索是将若干根钢丝，平行并拢、扎紧、外包热挤PE橡胶，并进行张拉。其特点是弹性模量、疲劳强度高，可充分适应设计要求，但其防腐与安装较为烦琐。平行钢丝索挠曲性能好，可以盘绕，具备长途运输的条件，质量易于保证。通常钢丝索配用墩头锚或冷铸锚。

②钢绞线。钢绞线索是由多股钢绞线平行或经轻度扭绞而成。其具有弹性模量较低、非线性变形较大的特点。

③封闭式钢缆。封闭式钢缆是由异型钢丝轧制而成，其梯形或"Z"形钢丝相互间基本是面接触，各层钢丝的层面上也是面接触，具有结构紧密、表面封闭、安装方便和防腐容易等优点。封闭式钢缆只能在工厂制作，盘绕后运送至现场，通常钢丝索配用热铸锚具。

（2）拉索的锚固

斜拉索与混凝土梁的锚固主要有以下几种情况。

①顶板设置锚固块。斜拉索在截面中部的箱梁顶板上直接进行锚固，并与一对斜撑紧密相连。斜撑在此处作为关键的受拉杆件，负责将索力有效地传递至整个截面。此类设计常见于那些箱内配备有加劲斜杆的单索面斜拉桥，其结构特点

使得桥梁整体更加稳固，能够有效应对各种拉力作用。

②箱内锚固块。锚固块被巧妙地安置在顶板下方，且恰好处于两个腹板之间，从而确保垂直分力能够顺畅地通过锚固块两侧的腹板进行传递。这种设计常见于双索面分离双箱或单索面整体箱的结构中，其稳定性和有效性得到了广泛的认可和应用。

③斜隔板锚固。锚头通常被安置在梁底的外部或者嵌入斜隔板预先留设的凹槽中。在此布局中，锚头的垂直分力通过斜隔板两侧的腹板以剪力的形式有效传递。这种特殊设计常见于双索面分离双箱或单索面整体箱的结构中，以确保结构的稳定性和力的有效传递。

④梁底锚固。该锚固方式设计相对简洁，它通过在肋部结构中按照斜拉索的倾斜角度预先设置管道，使得拉索能够顺畅地穿过这些管道并最终锚固在梁体底部。这种独特的锚固类型具有高效性与适应性，尤其适用于双索面斜拉桥体系。

二、悬索桥

（一）悬索桥的历史发展

1. 古代索桥

借助缆索承重跨越障碍的结构自古就有，中国古代的吊桥是悬索桥的雏形。公元前 250 年，李冰在都江堰修建了人行竹索"笮桥"。汉朝建成长百米的铁索桥，比英国 1741 年始建的铁索桥——蒂斯河桥（主跨 21.84 m）要早 1800 年。公元 1705 年建于四川大渡河的泸定铁索桥，主跨达 103 m，该桥成为我国第一批国家保护的重要文物。古代吊桥的建造都是凭工匠们的经验，不设桥塔，一般将纵向索直接锚固于两岸山壁或桥头堡上；没有加劲梁，尽管大部分吊桥有桥面系，但没有刚度，只起到分散和传递荷载的作用，荷载依然靠索承受。因此，古代吊桥在承载能力、跨越能力、刚度和稳定性等方面均存在不足。

2. 近代悬索桥

1801 年美国建成了跨度为 21 m 的雅各布希腊人桥，该桥具有桥塔、吊杆、加劲梁等悬索桥构件。1816 年，美国在费城建成的斯库基尔瀑布人行桥采用铁丝制作主缆，主跨达到 124 m，该桥是首座用金属材料作为主缆的悬索桥，揭开了近代悬索桥发展的序幕。1822 年，由特尔福德建造的康威城堡桥是最早的近代悬索桥之一。后来，特尔福德于 1826 年，建成了跨径为 174 m 的威尔士 - 梅来峡悬索桥。

在早期阶段，由于钢丝防腐技术尚未成熟，悬索桥普遍采用双眼铰链杆作为主缆，桥塔则多为圬工结构。然而，这种眼杆链式体系存在显著的缺陷：杆件之间的接触面较小，容易导致应力集中现象；同时，眼杆的制作材料为锻铁，这种脆性材料使得眼杆索链在连接处容易遭受破坏。此外，随着跨径的增大，索的施工难度也显著增加，这进一步限制了悬索桥跨径的拓展。威林桥是这一时期的一个典型案例。该桥于1849年在西弗吉尼亚州建成，主跨达到308 m，是当时最大跨度的悬索桥。然而，不幸的是，建成仅5年后，在一次大风中，威林桥便因眼杆索链连接处的破坏而损毁，这也凸显了当时悬索桥设计与材料方面的局限性。

威林桥的垮塌事件震动了整个美国工程界，引起了工程师的高度重视。他们深刻反思并汲取教训，历经无数次的试验与改进，终于在1883年成功建成了主跨为487 m的布鲁克林大桥。这座大桥的设计理念基于弹性理论，桥塔继续采用截面尺寸较大的圬工结构以确保其稳定性。为了进一步增强桥梁的承载能力，设计师精心设置了多条斜拉索加劲主梁。同时，他们创新地采用平行钢丝制作主缆，并发明了纺线法（AS法）来架设主缆，大大提高了施工效率。这座桥的建成标志着当时世界上跨度最大桥梁的诞生，它不仅是一项伟大的工程，也揭开了大跨度悬索桥建设的序幕。

1888年，美国工程师米兰提出了"挠度理论"，使人们认识了主缆的初应力对刚度的影响。20世纪30年代开始，随着挠度理论进入使用阶段，悬索桥的跨度得到了飞跃式的发展。最早基于挠度理论建造的悬索桥是1909年建成的曼哈顿大桥，主跨约为448 m，该桥使用轻型钢塔代替笨重的混凝土塔。基于挠度理论建成的悬索桥的典型代表还有纽约乔治·华盛顿大桥，它的主跨首次突破千米级，约1067 m；其后，1937年又建成了举世闻名的金门大桥，主跨约1280 m，该桥保持世界最大跨度桥梁纪录长达27年之久。

随着挠度理论的普遍应用，轻便的钢桥塔取代了原来的圬工桥塔，悬索桥主梁向纤细化发展，其高度不断降低。例如，金门大桥的加劲桁架梁高跨比仅为1∶168，此时人们尚未充分认识到加劲梁的刚度对悬索桥空气动力稳定性的作用。1940年，由莫伊赛夫设计的塔科马海峡桥使挠度理论的应用达到顶点，此桥主跨长约853 m，加劲梁为钢板梁，高跨比只有1∶350，宽跨比为1∶72，几乎比金门大桥（宽跨比为1∶47）和乔治·华盛顿大桥（宽跨比为1∶33）小一半。建成3个月后，在一场速度为19 m/s的持续风作用下，主梁发生了剧烈的振动，最大振幅接近 9 m，桥面倾斜到 45°左右，使吊杆逐根拉断导致桥面钢梁折断而垮塌。

塔科马海峡桥的风毁事件，不仅让悬索桥的发展陷入了近十年的停滞期，更深刻地提醒人们，在悬索桥的设计建造过程中，必须充分考虑空气动力因素的影响。在最初的设计方案中，设计者出于经济性的考虑，选择使用钢板梁替代传统的钢桁架。然而，这一选择却埋下了隐患——这种断面设计在风的作用下极易引发振动，最终导致了大桥的毁灭性坍塌。

3. 现代悬索桥

1950 年塔科马大桥重建，悬索桥进入现代发展阶段，建造中心也由美国逐渐转向欧洲。1966 年，英国建成塞文桥。与以往的美式悬索桥不同，塞文桥首次采用扁平钢箱梁代替桁梁。流线型钢箱梁具有更大的抗扭刚度和较好的气动稳定性，此后逐渐形成了欧式悬索桥的风格：扁平流线型箱梁，焊接钢结构或钢筋混凝土桥塔。例如，1970 年丹麦建成主跨为 600 m 的小贝尔特桥，1973 年建成主跨为 1074 m 的博斯普鲁斯海峡第一大桥。

1981 年，英国建成了当时全球第一大跨度（长达 1410 m）的亨伯桥，并成功保持了这一纪录长达 17 年，直至 1998 年。此外，在 1988 年，土耳其也建成了博斯普鲁斯海峡第二大桥，其主跨达到了 1090 m。进入 20 世纪 90 年代，丹麦更是建成了主跨长达 1624 m 的大贝尔特海峡大桥。

20 世纪后半叶，日本在桥梁建设方面取得了显著成就，成功修建了众多大跨度桥梁。在日本的悬索桥建设中，大部分采用了钢塔和钢桁加劲梁的结构形式，这种结构形式既保证了桥梁的强度和稳定性，又提高了桥梁的耐久性和使用寿命。

20 世纪 90 年代起，世界悬索桥建设的中心转移到我国。10 年间，我国以惊人的速度建成了 8 座大跨度悬索桥，这些桥梁不仅见证了我国桥梁工程技术的飞跃，也基本反映了 20 世纪我国悬索桥建设的整体成就与实力。进入 21 世纪后，我国的悬索桥建设更是步入了快车道，多项具有代表性的重大工程相继建成。其中，润扬长江大桥以其 1490 m 的主跨长度，成为我国悬索桥建设领域的一颗璀璨明珠；珠江黄埔大桥南汊桥则以 1108 m 的主跨，展现了我国桥梁工程师们对复杂水域环境的卓越驾驭能力；武汉阳逻长江大桥 1280 m 的主跨，再次刷新了我国悬索桥的纪录。值得一提的是，浙江舟山联岛工程中的西堠门大桥，于 2009 年 12 月顺利建成通车，其 1650 m 的主跨长度，不仅在当时位居我国第一，更是跃居世界第二，彰显了我国悬索桥建设的国际竞争力。同年12月，贵州坝陵河大桥也宣告竣工，这座横跨西部山区峡谷的特大悬索桥，以1088 m的主跨，为我国西部地区的交通建设树立了新的里程碑。此外，湖南湘西矮寨特大桥同样不容小觑，其1176 m的主跨，在2012年建成后，便以惊人的姿态问鼎世界跨峡谷悬索桥之最，成为全球桥梁工程领域的一大奇观。2019年建成的虎门二桥（南沙大桥）全长12.9 km，含两座悬索桥，其中坭洲水道桥主跨为1688 m，大沙水道桥单跨为1200 m。

已经建成通车的深中通道含一座主跨为1666 m的深中大桥，五峰山长江大桥主跨为1092 m，是我国首座公铁两用悬索桥；规划建设的张靖皋过江通道大桥，主跨为2300 m，建成后将是世界最大跨度的悬索桥。

（二）悬索桥的特点

同其他桥型相比，跨度越大，悬索桥的优势越明显。

优势之一是在材料用量和截面设计上。其他桥型的主要承重构件的截面积会随着跨度的增大而显著增大，导致材料消耗迅速增加。然而，在大跨悬索桥中，虽然加劲梁在整体工程中占据相当大的比例，但它并非主要承重构件，因此其截面积无须随跨度的增长而增加，这一特性极大地优化了材料的使用效率。

优势之二是在构件设计方面。在扩大构件截面积方面，许多桥型都会受到多种客观条件的限制，如梁的高度、杆件的外廓尺寸以及钢材的供料规格等。然而，对于悬索桥而言，其三大主要承重构件——大缆、锚碇和塔，在增加截面积或提升承载能力方面，所面临的制约相对较少。这使得悬索桥在设计和建造过程中，能够更灵活地应对各种挑战，实现更大的跨度和更高的承载能力。

优势之三是作为主要承重构件的大缆具有非常合理的受力形式。对于拉、压构件，其应力在截面上的分布是相对均匀的，这使得它们能够更有效地利用材料。然而，对于受弯构件，在弹性范围内，其应力分布呈三角形，导致部分材料的潜力无法得到充分利用。因此，在追求最大化材料承载能力方面，拉、压的受力方式相较于受弯更为合理。尽管受压构件具有独特的优势，但在实际应用中还需考虑其稳定性问题。综合考量，受拉成了最为合理的受力方式。悬索桥的大缆受拉，并且其截面设计相对简单，使得悬索桥在跨越能力上表现出色，成为目前所有桥型中最大的。事实上，跨度超过1200 m的桥型无一例外地选择了悬索桥作为设计方案。

优势之四是在施工方面。在悬索桥的施工过程中，通常首要任务是架设大缆，这样大缆就自然形成了一个便捷的悬吊式支架。随后，在架设加劲梁段的过程中，这些梁段会被悬挂在已架设好的大缆之下。尽管在此时必须采取一系列防范措施来抵御强风的潜在威胁，但与其他桥梁所采用的悬臂施工方法相比，悬索桥的这种施工方式所面临的风险相对较小。

悬索桥因其卓越的跨越能力，常常能够因地制宜地选择跨越江河或海峡主航道的布置方案。这种设计不仅有效避免了深水桥墩的修建，满足了通航需求，而且由于其跨度较大，构件设计相对柔细，使得整体外观更加美观大方。所以，大跨度悬索桥所在地往往成为重要的旅游景点，吸引了众多游客。

悬索桥由于其柔性结构特性，刚度相对较小。因此，在受到活载作用时，悬索会发生几何形状的改变，进而导致桥跨结构产生显著的挠曲变形。此外，在风荷载、车辆冲击荷载等动荷载的作用下，悬索桥也容易产生振动现象。尽管历史上悬索桥曾发生过多次破坏事故，但自从1940年开始深入研究桥梁抗风稳定性以来，风毁桥梁的事故已经得到了有效避免。然而，在悬索桥的动力响应方面，如车振响应、风振以及地震响应等，仍需继续开展深入研究，以确保其安全性和稳定性。

（三）悬索桥的构造与形式

1. 悬索桥的构造

悬索桥的上部结构体系核心由桥塔、主缆及加劲梁等关键组件紧密构建而成，它们共同承载着桥梁的主要荷载与功能。而吊索、鞍座及索夹等部件，则作为这一结构的辅助与连接元素，也发挥着不可或缺的稳定与支撑作用。值得注意的是，虽然主缆两端的锚固体在物理位置上常被归类为下部结构的一部分，但从功能角度来看，对于地锚式悬索桥而言，它们是确保桥梁整体稳定性与安全性不可或缺的关键组成部分，其重要性不言而喻。

桥塔也称主塔，它是支承主缆的重要构件。悬索桥的活载和恒载会经过主塔传递至下方的塔墩和基础。对于两跨或多跨的悬索桥，由于地形等限制因素，有时在边跨的端部无法直接设置主缆的锚固体。在这种情况下，通常会设置副塔。主缆会首先通过副塔的顶部，并在延伸一段距离后，最终进入锚固体。副塔的顶部装有专门用于主缆转角的鞍座，这一结构实际上起到支承主缆的塔墩作用。因此，鞍座被视为悬索桥的下部结构之一。

主缆是悬索桥中的关键柔性承重构件，它通过塔顶鞍座悬挂于主塔之上，并在两端锚固体中固定。除通过索夹和吊索来承载桥面及加劲梁的恒载和活载外，主缆还负责分担部分横向风荷载，并直接将这些力传递到塔顶，确保桥梁结构的稳定与安全。

索夹作为连接件，位于每根吊索与主缆的交汇节点上。它以套箍的方式紧密地固定在主缆上，通过产生摩阻力来防止滑移，从而稳固了吊索与主缆的连接点。

吊索是传力构件，其职责在于将动态变化的活载以及加劲梁和桥面的恒载，通过索夹这一媒介，有效地传递至主缆。具体而言，吊索的上端牢固地连接着索夹，而下端则与加劲梁紧密相接，形成了稳固的传力路径。加劲梁在悬索桥中主要起支承和传递荷载的作用。加劲梁承担着防止桥面在荷载作用下发生过大挠曲变形和扭曲变形的重任，这对于维护桥梁的整体稳定性和安全性至关重要。此外，加劲梁还是悬索桥抵抗风荷载和其他横向水平力的主要构件。

鞍座，这一位于塔顶的核心组件，专门负责承接并承载来自主缆的强大拉力。当主缆中的拉力通过鞍座时，这一复杂的力学过程被巧妙地转化为垂直力和不平衡的水平力，经由鞍座精准地传递给塔顶，以确保整个悬索桥结构的平衡与稳定。

在主缆进入锚固体之前，除主塔与副塔的鞍座之外，还需要经过散索鞍座，这一构件的作用是将主缆分散，以索股为单位进行分散锚固，确保主缆的拉力得以平稳传递和分散。

锚固体是主缆系统中至关重要的部分，它负责将主缆中的拉力有效地传递给地基。锚固体作为悬索桥的重要组成部分，其类型多样，各有特色。常见的两种类型分别是重力式锚固体和岩洞式锚固体。重力式锚固体具有庞大的体积和显著的自身重量，这种重量优势使其成为平衡主缆垂直分力的关键。具体而言，当主缆的拉力传递至重力式锚固体时，其巨大的重量能够有效抵消并平衡这一垂直向下的力量，从而保持整体结构的稳定。同时，针对水平分力，重力式锚固体则依靠与地基之间产生的强大摩阻力或嵌固阻力来进行有效的稳定与抵抗，确保结构在水平方向上的稳固性。而岩洞式锚固体则采用了一种截然不同的工作原理。在这种类型中，锚固体被巧妙地设计并安装于岩洞之中，它直接承担了主缆中拉力的传递任务。当主缆受到拉力作用时，这一力量会迅速且直接地通过锚固体传递给岩洞周壁。

2. 悬索桥的形式

（1）单跨悬索桥

根据地形或河道条件，只选择一个主跨悬吊主梁实现跨越，在地形有利的位置布置主塔和锚碇。这是悬索桥结构中最常用的结构体系。

（2）三跨悬索桥

在地形条件适宜、两侧边跨又需要较大跨度悬吊时，采用三跨悬吊而且对称布置，也是悬索桥中最常用的结构体系。其主梁既可以采用三跨两铰式布置，如汕头海湾大桥；也可以采用三跨连续布置，如厦门海沧大桥。

（3）多塔悬索桥

根据地形或河道条件需求，需要布置多个大跨而采用多塔悬索桥体系，如泰州长江大桥。

（4）联袂多跨悬索桥

在三塔或四塔悬索桥仍难以适应时，可采用多座悬索桥联袂布置以覆盖更大范围，无论是受力还是施工控制将更具有优势。例如，1936年建成的美国奥克兰海湾大桥，西桥由两座（354 m+704 m+354 m）孪生三跨悬索桥构成。同样的结构类型还有1988年建成的日本本州－四国联络桥中的南备赞濑户大桥（274 m+1100 m+274 m）与北备赞濑户大桥（274 m+990 m+274 m）。

（5）斜拉-悬吊组合悬索桥

1883年，一位杰出的美国桥梁设计师约翰·A.罗布林（John A. Roebling），成功地将他的设计理念转化为现实——布鲁克林大桥，这座桥梁不仅是世界上首座融合了斜拉与悬索协作体系的壮举，更是桥梁工程史上的一个重要里程碑。该桥巍峨地横跨于纽约的伊斯特河之上，其主跨长度达到了惊人的486 m，这一成就使得布鲁克林大桥在当时成为世界上跨度最大的缆索承重桥梁，开创了桥梁建筑的新纪元。在构造设计上，为了克服单纯悬索体系在风动稳定性方面的局限性，设计师巧妙地引入了抗弯刚度极高的加劲桁架梁，这一设计不仅增强了桥梁的整体刚度，还显著提升了其抵御风力等自然因素干扰的能力。同时，斜拉索的加入更是锦上添花，它们与悬索系统协同工作，进一步优化了桥梁的受力性能，确保了桥梁的稳定性。

1938年，德国杰出的工程师费朗茨·迪辛格（Franz Dischinger）创新性地提出了一种斜拉－悬索协作体系构想。这一独特的设计理念中，桥梁的主跨部分巧妙地结合了悬吊系统与一种新颖的拉索布局。具体而言，拉索并非传统地直线拉伸，而是自塔顶出发，以辐射状的形态向两侧散开，与悬吊系统共同承担并传递着主跨的荷载。

20世纪90年代初，在土耳其伊兹米特海湾桥的初步规划阶段，曾构想采用一种协作体系来实现主跨长达2000米的设计方案。这一方案融合了悬索桥与斜拉桥的优势，其中悬索桥部分采用高强度的钢箱梁结构，以承载并分散巨大的拉力；而斜拉桥部分则巧妙地运用混凝土梁，利用其良好的抗压性能来优化结构受力。然而，在经过深入的技术论证与经济评估后，最终决定对设计方案进行调整。考虑到实际施工难度、材料供应、成本控制以及长期维护等因素，项目团队决定采用更为稳妥且经济的方案——一座主跨为 1550 m 的纯悬索桥。

土耳其博斯普鲁斯海峡第三大桥是一座主跨 1408 m 的斜拉-悬吊组合结构桥梁，采用公路与铁路合建方案。

三、大跨度拱桥

（一）拱桥的历史发展

1. 古代拱桥

拱桥作为人类历史上最早且广泛应用的桥型之一，拥有跨越各个文明古国的悠久建造历史。在这丰富的历史长河中，中国和罗马的拱桥无疑是最具代表性的杰出之作。

欧洲的石拱艺术盛行于罗马时代，在公元前 600 年至公元前 500 年出现了标准的罗马拱桥，罗马拱桥多采用圆形拱，跨度较小，桥墩厚度约为拱宽的 1/3，所以每个拱都可以独立。至今还可见罗马时代遗留下来的一些引水的水道桥，这些石拱不用灰浆砌筑，但是水槽中用灰浆防水。

我国古代拱桥建造的数量很多。起初为了增大梁桥的跨度，古人将石板逐级伸出使之在受力上成为悬臂，或将石梁砌成多边形，还出现了各种伸木桥，这些结构都是在向拱桥方向发展。

隋朝建造的赵州桥已有 1300 多年的历史，赵州桥又名安济桥，位于河北赵县洨河上，桥长 50.83 m，跨径为 37.02 m，拱高 7.23 m，是当今世界上跨径最大、建造最早的单孔敞肩型石拱桥。赵州桥采用割圆拱，使石拱高度大大降低，实现了低桥面和大跨度的双重目的。拱上建筑采用敞肩式，增加了泄洪能力，减轻了自重，提高了桥梁的承载力和稳定性。此外，该桥采用"鹰架"法分拱砌筑，方法新颖，施工修理方便，是我国桥梁史上的空前创举。

北京的卢沟桥建于 800 多年前，至今依然保存完好。这些拱桥代表了当时世界上的最高建桥水平。

2. 近现代拱桥

18 世纪英国工业革命后，铸铁和锻铁的工业化生产使铁的产量大幅度提高，铁被大量地应用于桥梁结构中，尤其被率先应用于对抗压强度要求很高的拱桥中。全世界第一座铸铁拱桥是1779年在英国科尔布鲁克代尔地区建成的跨越塞文河的铁桥，它是由5片半圆形铸铁拱肋并列组成的单跨拱桥，属三铰拱体系，该桥被视作近代桥梁的开端。

第一座无铰钢拱桥是跨越美国密西西比河的圣路易斯桥。该桥建成于1874年，是一座三跨上承式钢桁拱桥，跨径为（155.1+158.6+153.1）m。每跨4肋，每片拱肋由2根上下平行的弧形钢管组成，用斜腹杆联结。此桥的建成开启了大跨径钢拱桥的新时代。

第一座钢筋混凝土拱桥是1877年建于法国的夏泽莱桥。该桥也是一座无铰拱桥，跨径为16 m，宽4 m，拱圈为椭圆形，配筋方法是在拱外缘加一层钢筋网。1877年，法国工程师赫尼波柯建造了跨度为16.0 m、宽4.0 m的钢筋混凝土人行桥，1898年他又设计建成了跨度为52.46 m的钢筋混凝土拱桥——夏特罗桥。奥地利工程师约瑟夫·米兰（Josef Melan）于1890年发明了用劲性骨架为拱架浇筑钢筋混凝土拱桥的施工方法，被称为"米兰"法。

钢筋混凝土可塑性很强，可以做成任意的形状，还可以做成精巧的装饰。比石拱桥施工方便、快速，且表面平整光滑。1924年的瑞士弗立堡采林根桥，为实腹式拱桥。与高拱石桥相比，这座钢筋混凝土拱桥表面平整光滑，施工速度快。所以除了在交通不便的产石山区，钢筋混凝土拱桥比石拱桥更富有生命力。

3. 现代拱桥

随着计算机技术与钢材的应用，拱桥的发展焕发出新的生机，拱桥的结构形式不断创新，新的梁拱组合体系桥梁不断涌现。例如，连续刚构拱桥、桁架拱桥、钢管拱桥、系杆拱桥、斜拉拱桥以及一些异形拱桥。

2007年建成的湖北省宜万铁路宜昌长江特大桥为连续刚构－柔性拱组合体，主桥跨径为（130 m+2×275 m+130 m）。主梁采用变截面，柔性拱用于提高结构刚度，该桥采用"先梁后拱"的施工方法，具有施工方便的优点。刚构－拱组合体系桥梁是梁－拱组合体系桥梁的特例，主要有连续刚构－拱组合体系桥、V形或Y形刚构－拱组合体系桥。由于具有结构刚度较大的优点，近年来在铁路工程中被广泛采用。

2003年建成的卢浦大桥跨越上海的黄浦江，为中承式变高度钢箱拱桥，跨径组合为（100 m+550 m+100 m）。这座桥梁采用了独特的三跨中承式部分有推力梁拱组合体系设计。其特点在于，中跨的主梁被简洁地支撑在拱梁交会处的横梁之上，而边跨的主梁则与拱肋牢固地固结在一起。为了增强结构的稳定性和适应性，在主桥的两侧跨端横梁之间，独具匠心地增设了水平拉索系统。这一创新设计巧妙地利用了拉索的张拉作用，可以有效调节中墩基础在恒载状态下的受力状态，使其达到近乎无水平反力的理想状态。这样一来，中墩基础的主要受力便转由那些因温度变化、活载作用等外部因素引起的水平推力。这样的设计策略充分考虑了上海地区特有的软土地基条件，通过优化桥梁结构的内力分布，显著增强了桥梁的整体稳定性和适应性。

2007年竣工的重庆菜园坝长江大桥，是一座钢–混组合式刚构系杆拱桥，其主桥结构精妙地采用了对称五跨布局，具体包括一个长达420 m的中跨、两侧各102 m的边跨以及外侧各88 m的侧跨。该桥的主拱设计尤为独特，采用了高4 m、宽2 m的提篮形钢箱结构，不仅造型优雅，更兼具强大的承重能力。而主梁则选用了高1 m的钢桁梁，其出色的刚度为整座桥梁的稳定性奠定了坚实基础。在桥梁的设计构思中，边跨部分采用了预应力混凝土Y形刚构，这一设计不仅增强了边跨的承载能力，还使整个桥梁的结构更加协调统一。值得一提的是，中跨系杆与边跨系杆在设计中被巧妙地分离，各自独立锚固，以增强结构的稳定性和安全性。此外，在边墩处还特别增设了竖向系杆索，以进一步提升桥梁的承载能力。这些多套相对独立的拉索体系不仅可以分别进行张拉和调节，还能有效地对大桥的主体结构进行内力与线形的调整和控制，确保桥梁在各种条件下的稳定性和安全性。

2009年竣工的朝天门大桥，其主桥部分以精湛的工艺展现了三跨连续中承式钢桁系杆拱桥的壮丽风貌，跨径精妙地布局为190 m、552 m与190 m的三段组合，全桥宽度达36.5 m，宽敞而宏伟。主梁设计别出心裁，采用双片主桁的构造，既保证了结构的稳固，又增添了视觉上的层次感。中跨作为全桥的核心，采用了钢桁系杆拱的结构形式，其拱轴线条遵循了二次抛物线的轨迹，矢跨比精心设定为1∶4.3。而两侧边跨则采用变高度桁梁的设计，使整座桥梁在视觉上更加和谐统一。在中跨的下层系杆设计中，创新性地配置了体外预应力束，巧妙地实现了上下水平系杆截面形式的统一。主墩一侧选用固定支座，以确保桥梁在关键部位的稳定性；而其余各墩则均设置活动铰支座，这一设计旨在有效释放水平约束，提高桥梁的稳定性。

（二）拱桥的特点

拱桥的主要特点如下。

①跨越能力较大。目前，在世界范围内，钢筋混凝土拱桥最大跨径为420 m，钢拱桥跨径达到552 m。

②耐久性好，而且养护、维修费用少。

③外形美观，宜于在城市和景区修建。

拱桥的主要缺点如下。

①由于拱桥的自重较大，导致相应的水平推力也随之增大，这无疑增加了下部结构的工程量。特别是在采用无铰拱设计时，对地基的承载力和稳定性提出了更高的要求。

②对于拱桥而言，当采用支架施工方法时，随着桥梁跨径和桥高的不断增大，所需的支架和施工辅助设备的费用也会显著增加，这无疑增加了工程的总体成本。

③鉴于拱桥的水平推力显著，特别是在连续多孔的中大跨度桥梁中，为防止一孔受损而影响整座桥梁的安全性，需要采取特定的加固措施或设置单向推力墩。然而，这些额外的加固措施无疑会增加桥梁的总体造价。

④相比于梁式桥，上承式拱桥因其较高的建筑高度，在城市立交桥及平原区等空间受限的区域中，应用受到较大限制。

考虑到拱桥的这些显著特点，在桥梁的设计与建造过程中，必须全面考虑桥址所在地的地质地理条件以及其他各种环境因素。要进行多方面、多方案的综合比较与分析，以谨慎的态度来选择最合适的桥梁式样，确保桥梁的安全、稳定与经济效益。一般来说，在地质条件较好的山区，中小跨径拱桥是最具竞争力的桥型；当地质条件较差或在平原地区，修建跨径100～600 m的中大跨桥梁时，采用无推力拱桥的方案，也具有一定的竞争力。

（三）拱桥的类型

1.按照拱上建筑的形式分类

（1）实腹式拱桥

实腹式拱桥，顾名思义，显著特征在于拱上建筑采用密实的实体结构，具体而言，是在拱圈与主梁之间紧密填充石料或砌块等材料，进而构筑成一个紧密相连、浑然一体的结构形式。此类拱桥的设计优势在于其结构刚度卓越，能够承受较大的外力作用而保持形态稳定；同时，其构造相对简洁明了，由于没有复杂的连接件与构件，施工过程也相应变得更加便捷高效。但是，随着桥梁跨径的逐渐增大，实腹式拱桥的自身重量会迅速增加，这限制了其在大跨径桥梁中的应用。因此，实腹式拱桥通常被用于跨径较小的桥梁中，常见的跨径范围在 20~30 m。

（2）空腹式拱桥

空腹式拱桥的设计特点在于拱圈和主梁之间采用立柱进行支撑。相较于实腹式拱桥，这种拱桥更为轻巧，能够显著节省材料，并且具有优美的外观，同时也有助于泄洪。然而，空腹式拱桥的施工过程相对复杂，其受力情况也较为复杂。因此，空腹式拱桥通常被应用于大跨径的桥梁中，以发挥其独特的优势。

（3）组合体系式拱桥

组合体系拱桥是将行车系与主拱按不同的构造方式结合成一个受力整体，来共同承受荷载。最常见的形式为系杆拱，此外还有刚架拱、桁架拱等体系。

系杆拱是一种最为常见的无推力拱桥，多用于中大跨径桥梁。系杆拱桥是一种特殊的桥梁结构，它通过拉杆（也被称为系杆）将两个拱脚连接在一起，从而有效地抵抗拱体产生的水平推力。这些系杆通常由钢绞线或平行高强钢丝制成，以提供足够的强度和稳定性。在某些情况下，也可以使用配有较多预应力筋的预应力混凝土系杆来承担这一功能。系杆拱桥根据其结构特点可以分为三种类型：柔性系杆刚性拱、刚性系杆柔性拱（也称为朗格尔拱）和刚性系杆刚性拱（也称为洛泽拱）。每种类型都有其独特的优势和适用场景，可以根据具体的工程需求和设计条件进行选择。对于有斜吊杆的柔性系杆刚性拱，又称为尼尔森拱。

有推力组合体系拱桥种类繁多，以梁拱体系、刚架拱、桁架拱较为常见，也称这些拱为拱片桥。即桥是由两个整体拱片组成，每一拱片的上面与道路平直，下面是曲线形，上下两部分用直杆、斜杆或两者兼有的构件连成一个整体拱片。它没有明确的理论拱轴线，有水平推力，仅适用于上承式桥梁。这类桥梁的构造多变，适用性强，在经济上、施工上各有特点，所以有较广泛的适用空间。

梁拱体系拱桥，有单独的梁和拱共同受力，拱脚推力由墩台承受。梁拱体系又可以分为刚性梁柔性拱（倒朗格尔拱）和刚性梁刚性拱（倒洛泽拱）。

2. 按拱轴线的形式分类

（1）圆弧拱桥

部分圆弧拱桥是指拱圈轴线按照部分圆弧线进行设置的拱桥类型。这种拱桥的优点在于构造相对简单，所需的石料规格较少，因此在备料、放样和施工等方面都表现出较高的便捷性。然而，部分圆弧拱桥也存在一定的缺点，即在承受荷载时，拱内的压力线可能会较大地偏离拱轴线，导致受力不够均匀。因此，这种桥型通常适用于跨度较小（一般小于 20 m）的石拱桥，以确保结构的稳定性和安全性。

（2）抛物线拱桥

作为悬链线拱桥的一种特例，其拱圈轴线按照抛物线的形状设计。由于抛物线的独特形态，这种桥型具备诸多优势：能够减小桥身的弯矩，从而节省材料；具有较大的跨越能力，适用于更广泛的地理环境和工程需求。然而，抛物线拱桥也存在一些挑战，其构造相对复杂，尤其是在建造石拱桥时，所需的料石规格多样，这增加了施工的难度和不便。

（3）悬链线拱桥

其拱圈轴线按照悬链线的形状来设置，这种设计带来了显著的优点。首先，悬链线形状使得拱桥在受力时更加均匀，弯矩得到有效控制，从而减少了材料的使用量。其次，这种设计不仅适用于实腹拱桥，即桥体内部填充材料的拱桥，而且在需要大跨度跨越的空腹拱桥（桥体内部无填充材料的拱桥）中也常常采用这种线形布置。

3. 按桥面的位置分类

（1）上承式拱桥

对于桥面系设置在拱圈之上的拱桥，这种设计带来了明显的优势。首先，桥面系的构造相对简单，便于施工和维护。其次，由于拱圈与墩台的宽度较小，桥梁的整体结构更为紧凑，使得桥上的视野更加开阔，为行车提供了良好的视觉体验。然而，这种设计也存在一些不足之处。由于桥面系设置在拱圈之上，桥梁的建筑高度相对较大，这可能导致桥梁的纵坡也相应增大，从而增加了引桥的长度。在一些特殊情况下，这可能会增加工程建设的成本和难度。

（2）下承式拱桥

对于桥面系设置在拱圈之下的拱桥，这种设计具有其独特的优点。首先，由于桥面系位于拱圈下方，桥梁的建筑高度得以显著减小，这有助于降低纵坡，进一步节省引道的长度，对于缩短桥梁的总长度和降低工程成本具有重要意义。然而，这种设计也面临着一些挑战。桥面系位于拱圈之下，使得桥梁的构造相对复杂，特别是拱肋的施工过程会变得更加烦琐。因此，桥面系设置在拱圈之下的拱桥一般用于地基条件较差的桥位上。

（3）中承式拱桥

桥面系设置在拱肋中部的拱桥具有独特的优势。首先，由于桥面系位于拱肋中部，这种设计使得桥梁的建筑高度相对较小，从而减少了引道的长度，有利于节约土地资源和降低工程成本。然而，这种设计也带来了一些挑战。由于桥面系的位置，桥梁的宽度可能会相应增大，这增加了桥梁的整体结构尺寸和复杂性。其次，桥面系位于拱肋中部，使得桥梁的构造相对复杂，施工难度也相应增加。

4. 按照有无水平推力分类

（1）无推力拱桥

这款拱桥的设计独特，其推力主要由刚性梁或柔性杆件来承受，构成了一个内部超静定与外部静定相结合的复杂体系。这种设计特别适用于地质条件不良的桥位处。其墩台设计与梁式桥基本相似，但只能采取下承式的构造方式。由于桥面系设置在拱肋下方，使得桥梁的建筑高度得以显著减小，这意味着桥面标高可以设计得非常低。这种设计优势不仅降低了桥梁的纵坡，还减小了引桥的长度，从而大幅减少了建筑材料的使用。但是，结构的施工比较复杂。

（2）有推力拱桥

这类拱桥在承受竖向荷载时，其拱脚会对墩台施加一个显著的水平推力，这一特性使得桥梁跨中的弯矩得到有效减小，从而支持了更大跨度的桥梁建设。近年来，一种创新的刚架系杆拱桥结构应运而生，它打破了传统，作为一种无推力的新型组合体系，特别适用于中、下承式拱桥的设计。刚架系杆拱桥的独特之处在于其结构与受力机制的完美结合：主拱与桥墩之间采用了固结方式，墩顶不再设置传统支座；桥面系统专注于承受桥面传来的荷载，而不直接参与整体结构的受力平衡；桥梁荷载产生的竖向分力由桥墩直接传递至基础，而水平分力则巧妙地通过独立于桥面系统之外的系杆来平衡，这些系杆精心布置于桥墩之间。这种设计不仅降低了桥面建筑的高度，使其更加紧凑美观，还显著提高了桥梁对不良地质条件的适应能力。

5. 按照建筑材料的不同分类

（1）石拱桥

采用石料建造的拱桥具有一系列显著的特点。首先，其独特的外形赋予了桥梁美观的视觉效果，为环境增添了一抹自然与古朴的风情。其次，石料拱桥在养护方面相对简便，降低了维护成本。最后，也是令人称道的一点，这种桥梁能够就地取材，充分利用当地资源，进一步降低了工程造价。然而，石料拱桥也存在一些不足之处。由于其自重大，这种桥型的跨越能力相对有限。

（2）混凝土拱桥

采用混凝土建造的拱桥，涵盖了素混凝土和钢筋混凝土两种类型，具有其独特的优缺点。从优点方面来看，相较于石拱桥，混凝土拱桥的加工和制造过程更为便捷，这缩短了建设工期，提高了施工效率。然而，混凝土拱桥也存在一些缺点。由于混凝土的抗拉强度相对较低，这限制了其跨越能力，使得混凝土拱桥通常适用于较小跨径的桥梁建设。此外，混凝土的使用量相对较大，这增加了建设成本，并可能对环境产生一定影响。

（3）钢拱桥

目前，钢拱桥主要包括钢桁拱桥、钢箱拱桥和钢混凝土拱桥三种形式。钢拱桥的发展历程与建筑材料的科技进步紧密相连。铁与钢实现工业化规模生产之后，它们首先在桥梁建设领域特别是拱桥结构中找到了用武之地。这一现象的产生并非偶然，而是因为拱桥在当时是大跨度桥梁的主要形式所具备的独特优势。

在 21 世纪以前，中国钢拱桥修建较少，其中 1993 年建成的九江长江大桥为这个时期的代表作。进入 21 世纪后，中国建成了朝天门长江大桥、宜万铁路万州长江大桥、南京大胜关长江大桥等有影响力的大跨度钢桁拱桥。在钢箱拱桥方面有 2003 年在上海黄浦江上建成的卢浦大桥、成贵铁路金沙江特大桥；在钢管混凝土拱桥方面，先后建成了水柏铁路北盘江大桥、巫山长江大桥、菜园坝长江大桥。

6.按照铰的数量分类

（1）三铰拱

这种拱桥在拱冠与拱端位置均设有铰，因此被归类为静定结构。其显著优点在于能够抵御混凝土因收缩、徐变及温度变化引起的变形，同时也不受墩台位移的影响，这使得它在地质条件不佳但又有大跨度桥梁建设需求的场景中尤为适用。然而，这种设计也伴随着一些挑战和局限性。首先，其结构相对复杂，增加了施工难度和成本，同时也意味着更高的维护费用。其次，由于在三处设置了铰，桥面相应位置也需要设置构造缝。最后，拱圈在铰处的挠曲变化较为剧烈，也可能对行车安全构成潜在威胁。鉴于上述因素，目前在我国这种拱桥主要被应用于一些较小跨径的桥梁上，以确保桥梁的安全性和经济性。

（2）两铰拱

这款拱桥以其独特的设计脱颖而出，其拱圈中部无铰，而两端则巧妙地设置了与墩台相连的铰接点，构成了外部一次超静定结构。这一设计的核心优势在于拱脚部位免除了弯矩的负担。与无铰拱桥相比，它可以更有效地减少混凝土收缩、徐变、温度变化以及墩台位移带来的不利影响，从而保证了结构的稳定性。但是，该设计也伴随着一些挑战。其结构构造较为复杂，桥面相应位置需设置构造缝，这不仅增加了施工的技术难度，还提高了建设成本。此外，对施工质量和地基条件的要求也相对较高，尽管相对于无铰拱桥，它对地基的要求略为宽松，但仍需确保地基的承载力和稳定性，以满足桥梁的安全使用要求。

（3）无铰拱

这种拱桥又称固端拱桥，是一种独特的设计，其特点是拱圈的两端稳固地嵌固在桥墩上，而中间没有铰连接。这种结构形式属于外部三次超静定结构。固端拱桥具有诸多优点。首先，其桥内的弯矩分布更为合理，相较于有铰拱桥，能够更有效地利用材料，从而减少材料用量。其次，结构刚度大，使得桥梁更为稳固。然后，固端拱桥的结构设计相对简单，施工方便，降低了建设成本，也减少了后续的维护费用。最后，由于可以将拱脚设计在洪水位以下，这种设计有助于降低桥面的设计标高，从而提高了桥梁的经济性和实用性。然而，固端拱桥也存在一定的缺点。由于它对混凝土收缩、徐变、温度变化以及墩台位移等因素极为敏感，这些变化都可能产生附加应力，影响桥梁的稳定性和安全性。因此，在建设和使用过程中，需要确保地基的可靠性，以应对可能出现的各种影响。

第四节　大跨度桥梁转体施工的发展

一、大跨度桥梁转体施工发展概述

首先，从技术创新的角度来看，大跨径桥梁的设计与施工已经迈入了一个全新的发展阶段。其中，预应力混凝土技术和斜拉索技术的创新应用，不仅让大跨度桥梁的建设成为现实，更极大地提升了桥梁的通行能力和结构安全性。同时，智能化技术的融入也为桥梁工程带来了革命性的变革。借助先进的信息技术和传感器技术，桥梁能够实现实时在线监测和智能化管理，这不仅确保了桥梁运行的安全性，还显著提高了其运行效率，为现代交通体系的发展提供了强有力的支撑。

其次，新材料的应用为大跨度桥梁转体施工领域注入了新的活力，带来了显著的发展机遇。特别是碳纤维复合材料的使用，极大增强了桥梁的结构强度和耐久性，使得大跨度桥梁在面对极端环境和复杂应力条件时依然能够保持稳定和安全。同时，新型的耐蚀材料和防水材料的应用，有效延长了桥梁的使用寿命，减少了因腐蚀和水分侵蚀导致的维修和养护成本，为桥梁的长期稳定运行提供了有力保障。

在施工方法的选择上，转体施工法凭借其独特的优势，在大跨度桥梁建设中得到了广泛的应用。尤其是在山区典型的"V"字形河谷地形或者需要确保交通干线不间断通行的情况下，转体施工法展现出了其简单快速、降低施工难度和施工人员危险性的显著特点。自20世纪70年代起，我国便开始对转体施工技术进行深入的研究，并在随后的实践中不断创新和完善这一技术。目前，平竖结合转体法已经成为大跨度桥梁转体施工中备受青睐的施工方法之一，其高效性和安全性得到了业界的广泛认可。

此外，随着科技的不断进步和社会需求的日益增长，大跨度桥梁转体施工的标准体系正面临着持续更新的挑战。这一更新旨在更加精准地满足施工过程监管的实际需求，确保工程质量的稳步提升。

二、大跨度桥梁转体施工的发展前景

（一）提升技术的经济性

基于以往的施工实践，不难发现，大跨度桥梁的转体施工过程中，钢结构材料的消耗量往往相当可观。在当前全球积极倡导绿色施工、节能减排的大环境下，这种施工方式所带来的能源消耗问题愈发凸显，与环保理念存在明显的脱节。展望未来，施工技术的经济性提升将成为行业内外共同探索的重要方向。随着建筑科技的不断进步和建筑结构体系的日益完善，传统上过度依赖钢结构施工的模式正逐渐发生转变。其中，多类型铰结构在大跨度转体桥梁施工中的成功应用，就是一个令人瞩目的创新成果。这种新型结构不仅可以显著减少钢材的用量，直接降低施工过程中的材料成本，还通过其独特的结构设计，优化了施工流程，提高了施工效率，从而大幅度提升了工程的经济性。[①]

[①] 袁树成.桥梁转体法施工技术创新与展望思考研究[J].工程建设与设计，2019(17)：171-172，175.

（二）提升技术的稳定性

平竖结合转体法已成为大跨度桥梁转体施工中一种备受青睐的施工方法。这一选择并非凭空而来，而是深刻反映了桥梁建筑行业随着规模的不断扩张，所面临施工需求日益复杂化的现实。因此，业界巧妙地融合了平转法与竖转法的各自优势，创造出了这种综合应用的施工新策略，已成为行业内的普遍做法。展望未来，如何进一步提升施工过程中的稳定性和安全性，将成为大跨度桥梁转体施工技术发展的重要趋势。为实现这一目标，构建完善的施工作业体系、梳理技术应用的要点显得尤为关键。通过系统规划和细致指导，施工人员可以深入理解和准确把握具体的使用要求以及每一步施工流程，更加有条不紊地执行工作任务，有效避免潜在的安全隐患和错误操作，从而确保施工活动的稳定性和安全性。

（三）更新施工标准体系

随着大跨度桥梁施工技术的不断进步，其施工体系正处于一个日益完善的阶段。与此同时，建筑材料市场也呈现出日新月异的态势，新材料、新技术层出不穷。这种背景下，若仍沿用过去的施工标准来衡量当前及未来的结构施工效果，显然已不合时宜。在以后的施工过程中，我们必须以开放性和前瞻性的眼光来看待施工标准的更新，以应对技术快速进步和人们日益增长的需求。与以往标准体系更新的速度相比，未来的更新将更为频繁。这是因为技术的快速发展和新材料的不断涌现，要求不断调整和优化施工标准，以确保施工过程的有效监管，并最终提高工程的施工质量。

第二章 大跨度桥梁设计理论

大跨度桥梁设计是结构工程领域的重要分支，其在连接跨越度大的河流、深谷和城市等地区具有重要的交通和社会意义。随着建筑技术的不断进步和桥梁建设需求的不断增加，大跨度桥梁设计理论的研究和发展变得愈发重要。通过深入了解和探讨大跨度桥梁设计的相关理论，可以进一步增强对大跨度桥梁设计的准确认知，为工程师和学者提供有价值的参考和启示，进而推动大跨度桥梁合理设计和顺利施工的实现。本章主要围绕大跨度桥梁设计的计算理论、大跨度桥梁设计的稳定理论、大跨度桥梁设计的振动理论展开研究。

第一节 大跨度桥梁设计的计算理论

为满足桥梁的安全性、稳定性和经济性的要求，对大跨度桥梁进行精确的计算分析显得尤为重要。特别是几何非线性分析，作为大跨度桥梁设计中的重要组成部分，对桥梁的性能评估和优化设计具有关键作用。下面将针对大跨度桥梁的杆系结构几何非线性分析计算理论和荷载的几何非线性分析计算理论进行介绍，通过深入研究和理解这些理论，可以为大跨度桥梁的设计和施工提供重要的理论支持和指导。

一、杆系结构的几何非线性分析计算理论

在固体力学的范畴中，存在着三大基石般的基本方程，它们分别是本构方程、几何运动方程以及平衡方程。这些方程在经典线性理论的框架内应用。这些方程的有效性和准确性依赖于3个核心假定：首先，就材料应力与应变而言，二者间的关系严格遵循广义虎克定律；其次，结构在受力作用下的位移被认为是微小的，以至于在大多数情况下可以忽略不计；最后，约束条件被视为是理想化

的，即忽略了实际约束中的非理想因素。这些假定共同保证了基本方程表现为线性形式。然而，当这些假定中的任何一个不再成立时，问题就自然转化为非线性范畴。对于大跨度桥梁这类复杂结构，其杆系结构的非线性分析计算理论显得尤为重要。

在实际分析中，为了简化计算，通常选择 $t=0$ 时刻的构形作为参考，并假定这个参考位形在整个分析过程中保持不变。此类列式方法被命名为总体拉格朗日列式（简称 T.L 列式），适用于杆系结构的深入剖析。在针对此类结构的分析中，无论给定的应力–应变关系及几何运动方程如何复杂，杆单元的平衡方程均能借助于虚功原理这一强有力的工具推导而出。遵循虚功原理的指引，可以推导出以下关键公式。

$$\int_V \boldsymbol{B}^T \boldsymbol{\sigma} dV - \boldsymbol{f} = 0 \tag{2-1}$$

式中，$\boldsymbol{\sigma}$——单元的应力向量；

$\boldsymbol{f}$——单元杆端力向量；

V——单元体积分域，对 T.L 列式，V 是变形前的单元体积域；

$\boldsymbol{B}$——应变矩阵，是单元应变 ε 与节点位移的关系矩阵，表示如下。

$$d\varepsilon = \boldsymbol{B} d\boldsymbol{\delta} \tag{2-2}$$

式中，$\boldsymbol{\delta}$——杆端位移向量。

在有限位移情况下，$\boldsymbol{B}$ 是位移 $\boldsymbol{\delta}$ 的函数矩阵，可分解为与杆端位移无关的部分 $\boldsymbol{B}_0$ 和与杆端位移有关的部分 $\boldsymbol{B}_L$ 两部分，表示如下。

$$\boldsymbol{B} = \boldsymbol{B}_0 + \boldsymbol{B}_L \tag{2-3}$$

采用增量列式法，将式（2-1）写成微分形式，表示如下。

$$\int_V d(\boldsymbol{B}^T \boldsymbol{\sigma}) dV - d\boldsymbol{f} = 0 \tag{2-4}$$

$$\text{或} \int_V d\boldsymbol{B}^T + \boldsymbol{\sigma} dV + \int_V \boldsymbol{B}^T d\boldsymbol{\sigma} dV = d\boldsymbol{f} \tag{2-5}$$

根据式（2-3），式（2-5）左边第一项可写成如下形式。

$$\int_V d\boldsymbol{B}^T \boldsymbol{\sigma} dV = \int_V \boldsymbol{B}_L^T \boldsymbol{\sigma} dV = \boldsymbol{k}_\sigma^0 d\boldsymbol{\delta} \tag{2-6}$$

当材料满足线弹性时，则表示如下。

$$\sigma = D(\varepsilon - \varepsilon_0) + \sigma_0 \quad (2\text{-}7)$$

式中，ε_0——单元的初应变向量；

σ_0——单元的初应力向量；

D——弹性矩阵。

于是，单元的应力、应变增量关系可表示如下。

$$d\sigma = D d\varepsilon \quad (2\text{-}8)$$

将式（2-2）、式（2-3）代入式（2-8），有

$$d\sigma = D(B_0 + B_L) d\delta \quad (2\text{-}9)$$

于是，式（2-5）左边第二项可表示如下。

$$\int_V B^T d\sigma dV = \left(\int_V B_0^T D B_0 dV + \int_V B_0^T D B_L dV + \right.$$

$$\left. \int_V B_L^T D B_0 dV + \int_V B_L^T D B_L dV \right) d\delta \quad (2\text{-}10)$$

$$\text{记 } k_0^0 = \int_V B_0^T D B_0 dV \quad (2\text{-}11)$$

$$k_L^0 = \int_V B_0^T D B_L dV + \int_V B_L^T D B_0 dV + \int_V B_L^T D B_L dV \quad (2\text{-}12)$$

则式（2-5）最后可表示如下。

$$\left(k_0^0 + k_L^0 + k_\sigma^0 \right) d\delta = k_T^0 d\delta = df \quad (2\text{-}13)$$

式（2-13）展示了以增量形式表述的总体拉格朗日列式（T.L列式）中的单元平衡方程。在此方程中，单元切线刚度矩阵 k_T^0 是通过将三个关键刚度矩阵相加而构建的，这一矩阵深刻地揭示了荷载增量与位移增量之间的内在联系，并且实质上反映了在特定应力与变形状态下，单元所展现出的瞬时刚度特性；单元弹性刚度矩阵 k_0^0 的独特性在于与单元节点的位移状态无关；而单元初位移刚度矩

阵 k_L^0 则是对结构经历显著位移后刚度变化的精确捕捉。这一矩阵的值直接依赖于 dδ，即本质上就是 dδ 的函数。此外，初应力刚度矩阵 k_σ^0 的引入，进一步丰富了单元切线刚度矩阵的内涵。它深刻揭示了初应力状态对结构刚度的显著影响：在压应力作用下，单元的切线刚度会经历一定程度的削弱；反之，在拉应力作用下，切线刚度会随之得到增强。这一机制在结构设计中具有重要意义，需予以充分考虑。

通过将各单元切线刚度方程按节点力平衡的条件进行组集，可以构建出结构的增量刚度方程，进而得到

$$k_T^0 \mathrm{d}\Delta = \mathrm{d}P \tag{2-14}$$

式中，k_T^0——结构切线刚度矩阵；

dP——荷载增量。

值得注意的是，由于荷载增量在实际应用中往往被设定为一个有限的数值，当结构已经处于通过计算所得出的位移状态时，其抗力可能并不完全与当前作用在结构上的总外荷载相平衡。这种抗力与外荷载之间的不平衡状态所产生的力，可以称之为失衡力，它反映了结构当前状态与理想平衡状态之间的偏差。为了消除失衡力并找到结构在新的荷载条件下的平衡位置，通常采用迭代法进行计算。迭代法通过逐步逼近的方式，不断调整结构的位移，直至计算出的抗力与外荷载之间的差值（失衡力）达到可接受的范围。

在构建描述物体在 $t+\Delta t$ 时刻平衡状态的方程体系时，如果参照的构形不是物体初始的、未经历任何变形的状态（$t=0$ 时刻的构形），而是基于物体最近一次达到稳定平衡状态的构形，特别是聚焦于当前增量步起始时刻 t 的构形作为核心参考，那么这种构建平衡方程的独特方法就被命名为更新的拉格朗日列式（U.L 列式）法。

在将 U.L 列式应用于平衡方程式（2-5）的构建过程中，一个关键的步骤便是在 t 时刻的单元体积内执行必要的积分运算。值得注意的是，与 T.L 列式有所区别，U.L 列式中涉及 k_L^t 的积分式，因为其值相对于整体而言为 k_0^t 的一阶或二阶小量，因此在计算精度允许的范围内，代表 k_L 的积分式往往被合理忽略。这一特性构成了 U.L 列式与 T.L 列式之间的一个显著区别。综上所述，经过这样的处理，最终得到的增量形式的 U.L 列式平衡方程可表述为如下形式。

$$\left(\boldsymbol{k}_0^t + \boldsymbol{k}_\sigma^t\right)\mathrm{d}\varDelta = \mathrm{d}P \qquad (2\text{-}15)$$

二、荷载的几何非线性分析计算理论

为了简化讨论，将非线性状态下大跨度桥梁荷载最不利加载区域定义为"影响区"。在对该区域进行荷载几何非线性分析时，会发现以下几个关键问题。

①由于结构表现出显著的非线性特性，传统的线性叠加原理在此情境下失效，也就不能使用经典的影响线加载法来精确评估荷载效应。

②界定影响区的范围本质上是一个复杂的非线性任务。若仅基于恒载的初始状态来估算荷载，可能会因载荷位置判断不准确而引入误差，并进一步导致影响区边界发生显著波动，影响分析结果的准确性。

③当使用机动法来进行影响区的求解时，单位强迫变位产生的等效力可能会非常大，这可能会对指定状态下真实的结构影响区形状造成破坏，从而影响分析结果的准确性。

在评估大跨度桥梁结构的非线性荷载最不利响应时，必须要对结构在初始状态下的特性着重进行考虑。

线函数的数值大小直观地展示了单位荷载施加于结构上时，对特定截面计算参数产生的具体影响程度。基于这一核心原理，可以应用高效的策略来精确求解非线性荷载作用下的结构最不利响应。具体实施时，首先以结构的恒载稳定状态作为分析的出发点，随后进行影响区函数的详细计算，在此基础上，精心选择一个与之相对的最不利荷载作为初始试探值。基于这个试探值和影响区函数，可以得到第一次近似结果。然后，将前一次试探荷载与恒载共同作用下的结构状态视为新的初始状态，并基于这个新状态重新计算影响区函数和确定新的最不利荷载。这个过程将持续迭代，直到本次计算得到的荷载效应与上一次的结果之间的误差缩小到预设的允许范围内，此时可以认为计算已经收敛。这种迭代方法有利于确保每次迭代都能更准确地反映荷载对结构状态的影响，从而提高分析的精确性。具体来讲，这一计算可归结为如下步骤。

第一，确立结构在恒载作用下的稳定受力状态，并将其作为启动影响区计算的初始条件。基于这一状态，计算初始的影响函数。

第二，采用动态规划加载法逐一探索并评估所有可能对结构产生影响的加载位置。通过这种方法，能够精准定位哪些能够使结构出现最不利响应的加载位置，并将这些关键位置详细记录下来。

第三，以恒载下的受力状态为计算的出发点，将之前精心挑选的最不利加载位置的荷载直接施加到结构上。随后，深入剖析在恒载与其他荷载共同作用下，结构的整体受力状况以及特定截面的力学参数如何发生变化，这一过程旨在全面揭示结构在最不利工况下的行为特征。

第四，将上述恒载与荷载共同作用下的结构状态视为新的起点，继续求解影响区函数。

通过不断重复上述步骤，并进行多次迭代计算，直至找到在给定荷载作用下，特定力学参数的最大或最小值。

在求解荷载影响区时，推荐使用机动法，但需要注意，单位强迫变位必须选取一个足够小的数值，使计算得到的影响区不失真，从而确保动态规划法找到的最不利加载位置能够准确反映相应内力状态下的最不利情况。

第二节 大跨度桥梁设计的稳定理论

一、桥梁设计稳定理论概述

（一）稳定理论的发展

在力学研究的广阔领域中，稳定问题占据着核心地位，尤其在桥梁工程这一特殊领域内，它与强度问题并列成为支撑桥梁设计安全性与可靠性的两大支柱。随着桥梁设计理念的不断演进，设计跨径的持续拓展、桥塔高度日益提升、箱梁结构日益趋向薄壁化，以及高性能材料的广泛应用，这些变化均导致桥梁结构在整体及局部层面上的刚度显著下降。因此，在现代桥梁设计的复杂挑战中，稳定问题的重要性愈发凸显，成为确保桥梁结构安全、耐久与高效运行的关键因素。

桥梁失稳事故的频发不仅给工程安全敲响了警钟，也在客观上提供了推动桥梁稳定理论不断前行与深化的强大动力。回溯历史，早在14世纪，瑞士数学家莱昂哈德·欧拉（Leonhard Euler）便以其非凡的洞察力提出了压杆稳定欧拉公式，这一里程碑式的贡献为稳定理论奠定了坚实的基础。此后，又有学者创造性地引入了稳定分支的概念。随着桥梁工程技术的进步，特别是薄壁轻型结构的广泛应用，稳定问题在桥梁设计中显得越发重要。

随着科学技术的日新月异，稳定理论与非线性理论的交融越来越深入。当前的研究趋势表明，为了深入理解和掌握稳定问题的复杂本质，必须全面考虑结构的几何非线性关系及材料的非线性关系。

（二）稳定问题的分类

结构失稳，是指结构在承受外力作用并持续增加至某一临界点时，其原有的稳定平衡状态发生根本性转变的现象。在此状态下，即便是由微不足道的外部扰动引起，也会导致结构内部的变形急剧放大，进而使其丧失维持正常运作的基本能力。对于大跨度桥梁这类复杂而精密的结构体系而言，保持其在各个方向上的稳定平衡状态显得尤为重要。这不仅关乎桥梁自身的安全与稳定，更是确保交通流畅、保障人民生命财产安全的基石。

在研究结构稳定性时，既可以从细微的局部范围入手——关注邻近原始状态的微小区域变化，这通常基于小位移理论；也可以从宏观的广阔视角出发——考虑大范围的变形和位移，这则建立在大位移非线性理论的基础之上。总的来讲，在结构稳定性的研究领域，这两种截然不同的视角分别对应着两种核心的稳定问题类型：分支点失稳，即第一类稳定问题；极值点失稳，被称为第二类稳定问题。

在对大跨度桥梁这类复杂工程结构的稳定性进行分析时，业界普遍聚焦于第二类稳定问题，因其在实际工程中更为常见且影响深远。尽管第一类稳定问题在本质上更偏向于一个特征值求解问题，其分析过程相对直接明了且两类问题在临界值上的差异往往并不显著，但深入研究第一类问题仍具有不可忽视的价值。

二、第一类稳定问题的非线性有限元分析

在大跨度桥梁建设工程中，经常会面临以下两种常见的情况。

①在荷载逐渐增加的过程中，结构的某些构件在整体弹性失稳之前就已经进入了塑性状态。

②当面对一个相对柔软的结构时，随着荷载的持续增加，用于参考的荷载作用下的结构几何刚度矩阵 $\overline{K}_\sigma$ 与达到临界荷载时的几何刚度矩阵 K_σ 之间的关系会变为非线性。

在处理结构稳定问题时，为了兼顾第一类稳定问题（特征值法）的简便性与实际工程中材料非线性和结构柔软性可能导致的线性分析失真问题，提出一种创新性的策略——融合特征值理论与非线性有限元分析的第一类稳定非线性有限元分析方法。该方法的核心在于：首先，构建一个高度精细化的有限元模型，该模型不仅考虑了结构的几何非线性特性，还纳入了材料非线性的影响，从而形成了包含这些复杂因素的几何刚度矩阵 $K_{1\sigma}$，这是确保分析准确性的关键一步；接着，在结构经历一定变形后的新构形上，以某一参考荷载为基准，通过对线性稳定问

题进行充分考量，来求解后续荷载作用下的屈曲安全系数 λ_α；然后，检验在后期屈曲荷载作用下结构中是否出现新的弹塑性单元，一旦发现此类单元，立即启动迭代过程进行修正，并对 λ_α 进行重新计算；最后，通过反复迭代和调整，可以得到一个更为精确的临界荷载，具体如下。

$$P_{cr} = (\lambda_0 + \lambda_\alpha)P = \lambda P \qquad (2\text{-}16)$$

式中，λ——结构在荷载 P 作用下较精确的稳定安全系数。

刚性结构在失稳前位移量相对较小时，鉴于其大位移效应对整体稳定性影响甚微，可以合理地将问题简化为第一类稳定的弹塑性问题。在此情境下，计算过程得以显著简化，并可直接套用流程图进行高效求解（图 2-1）。

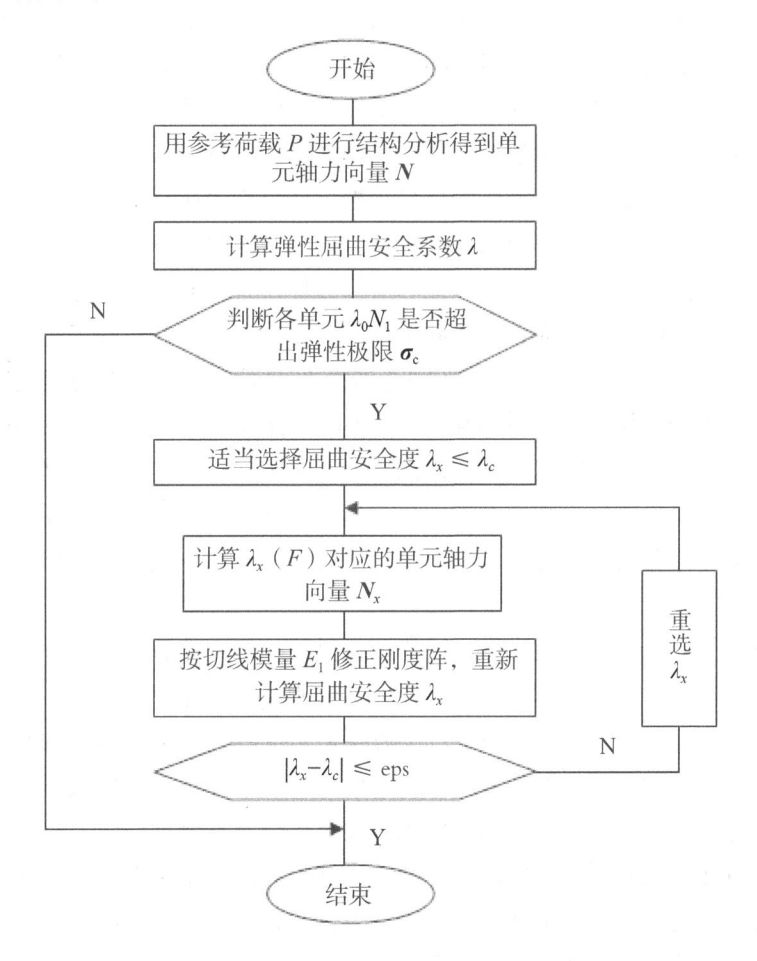

图 2-1　第一类弹塑性稳定问题计算流程图

尽管第一类非线性稳定计算方法已在一定程度上考虑了结构进入弹塑性阶段及经历大位移后刚度及其分布的变化，其计算结果却依然保持为一种近似解。

三、第二类稳定问题和极限承载力全过程分析

极限承载力这一术语源自"极限设计"的核心理念，它是对传统"强度设计"方法的一种重要补充与超越。在传统设计思路中，工程师们通常将构件的最大工作应力与安全系数相乘，以确保其不超过材料的屈服应力作为安全标准。然而，这一做法忽略了一个关键事实，即构件截面开始屈服，并不意味着整个结构陷入全面被破坏的境地。实际上，结构在屈服后往往仍能保持一定的承载能力，继续抵御外部荷载，直至达到其最终的极限承载力。为了更加充分地挖掘和利用这种潜在的强度储备，"极限设计"方法应运而生，它将关注的重点转向了"极限荷载"这一概念。所谓极限荷载，是指能够使结构整体性能达到极限、发生崩溃性破坏的荷载值。在"极限设计"的框架下，结构的工作荷载被设定为极限荷载的一部分，以确保结构在正常使用条件下具有足够的安全储备。

桥梁结构的极限承载力，作为衡量其抵抗外界最大荷载能力的核心指标，其重要性不言而喻。经过详尽而深入的分析，这一关键数据不仅是极限设计过程中不可或缺的重要参数，还能洞察和预测结构破坏模式。通过分析这些数据，工程师能够精确评估桥梁在面临特定荷载条件下的安全冗余度及超载承受能力，从而为桥梁的安全施工与高效运营管理构筑起坚实的理论基础与可靠的实践指导。

在探讨大跨度桥梁结构的极限承载力时，人们通常会运用全过程分析方法。此方法的精髓在于，它能够巧妙地模拟桥梁在实际运营中的荷载情况，通过连续提升荷载集度来精准反映结构的受力演变过程。全过程分析不仅持续追踪并记录下桥梁结构的细微变形，还深入剖析其受力特性的动态变化，直至结构达到承载极限，发生破坏。

从力学分析的专业视角出发，大跨度桥梁结构极限承载力的解析核心聚焦于连续求解融合几何非线性与材料非线性因素的刚度方程体系。随着外部荷载的逐步施加与累积，桥梁结构的刚度特性会发生显著的变化，这成为分析中的关键变量。当这些外部荷载所引发的剪应力或压应力达到临界水平，导致结构切线刚度阵趋于奇异状态时，便标志着结构的承载能力已触及其物理极限。此刻，对应的外部荷载值即为人们所寻求的极限荷载，它标志着桥梁结构在特定条件下的最大承载能力。理论上而言，依托现有的力学理论与计算技术，可以构建起一套完善的分析框架，精确求解并评估大跨度桥梁结构的极限承载力。

四、大跨度桥梁的稳定性应研究的内容

（一）压弯构件的整体稳定计算问题

在实际工程中，单向压弯构件的验算公式较为常见，但专门针对双向压弯构件的验算方法却相对较少提及。然而，对于大跨度钢箱拱桥结构的拱肋和斜拉桥的钢索塔等关键构件往往处于双向压弯杆件或双向压弯和扭转共同作用的复杂受力状态。

（二）桥梁整体稳定的安全系数问题

尽管我国的桥梁设计规范中尚未明确对大跨度桥梁整体稳定所必需的安全系数的要求，但工程师在设计大跨度桥梁时，为确保桥梁的稳定性能，普遍会设定一个稳定安全系数阈值，通常要求结构整体及其各构件的稳定安全系数均大于4。在某些情况下，即使规范中并未具体规定，工程师也会要求加劲板件等局部构件的稳定系数达到这一标准。这一做法反映出，在桥梁稳定计算的理念、判别标准、整体稳定与局部稳定的相关作用及屈曲后强度等方面，当前的设计实践仍有待进一步的研究和完善。

首先在钢桥的计算理念方面，应依据所分析稳定问题的类型来区分不同的稳定安全系数。具体来说，可以将其分为屈曲稳定安全系数和极限稳定安全系数（或极限承载力系数）。如果采用线弹性稳定理论钢桥整体结构、各个关键构件以及板件进行计算，所得出的屈曲荷载与外荷载的比值即为屈曲稳定安全系数，这一系数反映了结构在弹性范围内的稳定性能；若采用非线性理论进行计算，所得的压溃荷载与外荷载的比值则构成了极限稳定安全系数，这一系数更能体现结构在达到塑性状态后，依然能够维持稳定或承载的能力。值得注意的是，这两者在本质上是有所区别的。

其次在稳定安全系数判别标准方面，需要考虑多重因素来设定不同的标准，这包括计算对象的特性、荷载的性质、结构当前的状态以及所选择的计算方法。计算对象的不同会导致稳定安全系数的标准不同。整体结构、结构中的构件以及板件在稳定性分析时，应分别采用不同的标准。根据它们的重要程度，结构的整体稳定性应置于最高优先级，其次是构件的稳定性，最后是板件的稳定性。同时，荷载的性质对稳定安全的影响不容忽视。不同性质的荷载对结构稳定性的影响各有差异，因此，计算稳定安全系数时，需要充分考虑各种荷载的性质。计算结构在所有荷载作用下的稳定安全系数与仅考虑某一荷载或几种荷载作用下的稳定系

数可能存在显著差异。特别值得注意的是，在荷载效应中，恒载通常是占据较大比例。

（三）整体稳定与局部稳定的相关作用问题

薄壁钢结构构件的设计和评估中，必须同时关注其整体稳定性和局部稳定性，并且深刻理解整体稳定与局部稳定之间的相互影响。在进行整体结构的一类稳定分析时，通常将杆系方法作为主要计算工具。这种方法基于一个基本假设，即构件满足刚性条件，因此其板件在理想情况下不会有局部失稳的状况发生。然而，这一假设的成立是有条件的。只有当板件的屈曲临界应力显著高于构件整体失稳临界应力时，该假设才近似成立。但在实际工程中，特别是当板件具有较大的宽厚比或加劲肋布置较少时，板件很可能先于整体结构发生局部失稳。

在进行板件的局部稳定分析时，板壳理论是常用的计算方法，用于估算板件在荷载作用下的屈曲荷载。然而，这种方法有其局限性：一方面，该方法在模拟这些边界条件时往往难以做到精准；另一方面，该方法主要侧重于板件局部的力学行为，而无法全面考虑结构整体效应对板件稳定性的影响。

桥梁钢结构构件，尤其是薄壁构件，其整体稳定和局部稳定是紧密相互作用的。若结构中首先出现板件局部屈曲，则将导致结构截面特性持续变化，从而可能触发结构的整体破坏。反之，若是结构先发生整体屈曲，其变形会导致结构内部的内力重新分布，进而诱发板件的局部屈曲。这种由于一种屈曲形式的先行发生，导致结构截面特性改变或内力重新分布，从而触发另外一种屈曲形式发生的现象，称为局部稳定和整体稳定相互作用问题。

第三节　大跨度桥梁设计的振动理论

大跨度桥梁设计的振动分类主要包括地震引起的桥梁振动、风致桥梁振动、船舶撞击导致的桥梁振动、人群引起的桥梁振动及车辆-桥梁系统的耦合振动等。下面将着重介绍由运行车辆引起的大跨度桥梁振动问题，即重点分析车桥系统动力相互作用分析模型。

一、大跨度桥梁的振动分类

大跨度桥梁结构的振动主要可以划分为3个显著类别：地震引起的振动、风致振动以及由车辆通过时产生的桥梁振动。首先，地震是一种较为罕见但极具破坏性的地面振动形式。当地震发生时，桥梁可能遭受多种形式的破坏。一般而言，虽然大跨度和特大跨度桥梁在地震中的受损情况通常不太显著，但中小跨度的桥梁却可能面临更多样化且更为严重的震害。其次，风致振动是一种较为常见的振动形式，但它不一定导致桥梁的破坏。这种振动通常发生在大跨度柔性桥梁中，如悬索桥和斜拉桥。最后，车-桥耦合振动主要发生在高速、准高速公路、铁路的大跨度桥梁中。近年来，交通运输系统在规模和技术水平上都有了很大的提高。随着高速公路、铁路的修建，车辆运行速度不断提升，车流密度日益增加，车辆载重也逐渐加大。在这种背景下，列车引起的大跨度桥梁的振动问题逐渐成为人们关注的焦点。

除了上述三种主要振动之外，还有由于船只碰撞、人群动荷载引起的桥梁结构振动等，现对各类桥梁振动分述如下。

（一）地震引起的桥梁振动

地震，人们常称之为地动，是一种地质现象，它源于地球内部应力的积累与释放。当岩石受到的地应力未超过其弹性限度时，岩石会通过弹性形变的方式逐渐积累能量。然而，一旦地应力超过岩石的弹性极限，岩石便会发生破裂，瞬间释放出积蓄的能量，这些能量以弹性波的形式迅速向四周扩散，导致地面剧烈颤动、破坏，给人类社会带来深重的灾难。地震是一种突发式的自然灾害，它与洪水、飓风和瘟疫并列，被视作人类面临的四大自然威胁之一。地震的威胁时刻存在，全球范围内每年都会发生多次七级以上的地震。这些强地震在瞬间就能造成山崩地裂、河流改道、房屋倒塌、桥梁塌陷、堤坝溃决等灾难性后果，给人们的生命和财产带来难以估量的损失。

位于地震频发区域的桥梁，尤其是大跨度桥梁面临着严峻挑战。在地震发生时，地面的起伏运动和水平运动都会成为桥梁振动的诱因。尤其是水平方向的振动，会对桥梁的高墩台结构产生显著的影响。这种影响导致墩台顶部出现明显的侧向位移，不仅使桥上车辆难以平稳行驶，而且在极端情况下，甚至可能导致桥梁的上部结构脱离支撑，坠入下方的河床，从而对整座桥梁的稳固性和安全性构成严重威胁。

（二）风致桥梁振动

风是由空气流动产生的，它携带着一定的速度。当风遇到建筑物时，会在建筑物前形成一层高压气幕。风的速度越快，对建筑物结构的压力就越大。一般来讲，不断变化的压力会导致建筑物结构出现明显偏移，并在偏移位置周围产生较大的振动。

风振是一种常见且不可忽视的振动现象，它对桥梁结构的安全性有重大影响。一些强烈的风振可能直接导致桥梁结构遭受破坏，而某些风振即使看似不足以对结构造成直接损害，但也可能使桥梁结构逐渐出现疲劳，进而影响其安全性和正常使用。在桥梁等高大、细长、柔性结构的设计中，风荷载是一项至关重要的考虑因素。它导致工程结构的损伤和破坏，对人民的生命财产安全造成重大威胁。

大跨度桥梁在面临强风时，其风致振动机理显得尤为复杂。通常，这些振动在总体上可以归纳为两大类：发散性振动和限幅振动。前者涵盖了颤振和驰振，而后者主要包括涡激振和抖振。发散性振动需要特别警惕，因为它可能导致桥梁结构的空气动力失稳，严重时甚至引发风毁事故，如著名的塔科马海峡桥就是一个典型的例子。因此，必须采取切实有效的措施来避免这类振动的发生。[1]当前，风致振动的防护措施，主要依赖于风洞试验，从桥梁的截面选型、风嘴设计、导流板设置等多个方面进行深入研究和优化，以确保大跨度桥梁结构在强风条件下的安全稳定性。

（三）船舶撞击导致的桥梁振动

通航河流上的桥梁，由于其地理位置的特殊性，时常会遭遇船舶的撞击，从而引发桥梁结构的振动。尽管此类碰撞事故并不频繁，但其潜在的风险不容忽视。一旦发生，不仅可能威胁到人们的生命安全，还可能对财产造成巨大损失，并对社会和环境带来严重影响。

船舶撞击分析是一个复杂而细致的过程，需要考虑众多因素。其中，船舶的类型、航行速度以及撞击角度等都是至关重要的因素。碰撞的影响会随着碰撞情况的不同而有所差异，即较大和较小的碰撞会产生不同的影响。

针对不同类型的碰撞事件，由于它们对桥梁结构产生的影响和内部原因各不相同，因此在进行碰撞分析时所采用的方法也需有所区别。具体而言，对较小的碰撞通常采用屈服 – 破坏形式来研究，而对较大的碰撞则多采用侵入 – 破坏形式来研究。

（四）人群引起的桥梁振动

人群行走引起的桥梁振动问题，既古老又日益受到关注。一个著名的历史案

---

[1] 金毅，朱淼岩，安志宏.桥梁结构风致振动控制发展综述[J].辽宁建材，2005（4）：82-83.

例发生在 19 世纪的英国，当时一座桥梁因一队士兵列队过桥而突然倒塌。这一悲剧的根源在于士兵们整齐划一的步伐对桥梁产生了谐振荷载，进而触发了桥梁的共振现象，最终导致其结构崩溃。

（五）车辆-桥梁耦合振动

近年来，随着交通状况的飞速变革，包括行车速度的显著提高、交通流量的持续膨胀和车辆荷载的不断增加，车辆与桥梁之间的动力相互作用问题逐渐凸显出其不容忽视的重要性。一般而言，桥梁结构的振动状态是衡量其动力设计参数合理性的关键指标。因此，对车辆-桥梁动力相互作用系统进行全面而深入的研究，不仅有助于深入理解大跨度桥梁结构的动力性能，还能准确评估桥上运行车辆的行驶状况。通过对这些因素的动力分析和评估，可以更准确地判断桥梁和车辆在各种状态下的使用可靠性，从而为大跨度桥梁结构的合理设计提供有力支持。

目前，车桥动力相互作用问题已成为桥梁振动领域中的一个重要研究方向，吸引了众多专家和学者的关注。下面将着重对这一振动问题进行深入探讨。

二、车桥系统动力相互作用分析模型

车辆-桥梁共同构成了一个错综复杂的振动系统，其中，车辆的振动动态与大跨度桥梁的响应之间存在着密切的相互作用关系。具体而言，车辆的振动行为会作为一种外部激励，对桥梁的振动特性产生影响，进而改变其响应模式；反之，桥梁的振动状态亦会反作用于行驶其上的车辆，影响其行驶稳定性与振动表现。

（一）车辆-桥梁系统运动方程

在探讨车辆-桥梁系统的振动特性时，分离迭代法作为一种主流的研究方法，其核心在于精确构建并整合车辆与桥梁两个子系统之间的相互作用关系。具体而言，这种关系涵盖了两大核心要素：一是确保车辆在桥面上行驶时，其车轮与桥面在接触点上的位移保持一致，以模拟真实的行驶状态；二是保证车轮对桥面的作用力与桥面反作用于车轮的力大小相等、方向相反，以符合物理定律。

对于大跨度桥梁而言，其对车辆的激励作用主要体现在桥梁的位移、速度及加速度等动力特性，这些特性通过等效方式传递到车轮与桥面的接触点。反之，车辆对桥梁的作用力则通过车轮直接传递至桥面。因此，在采用分离迭代法进行车辆-桥梁系统振动分析时，必须确保桥面与各车轮的接触点都严格满足上述位移协调一致性和力的平衡条件。

1. 位移协调一致性

在车辆-桥梁构成的复杂相互作用系统中，位移协调一致性占据着举足轻重的地位。这一原则强调，在桥面和车轮的接触位置，两者必须保持位移、速度及加速度的完全一致，这是确保系统动力学行为准确模拟的前提。为了深入解析这一系统的运作机理，研究者们巧妙地引入了等效处理的思想。为了简化分析过程，对桥梁在车辆行驶过程中产生的位移对车辆的激励作用与路面自然存在的粗糙度对车辆的激励效果共两种激励源进行合并处理，统一视为"一致的路面粗糙度"。这种经过合并后的综合激励源，被赋予了"等效路面粗糙度"的称谓，并被广泛应用于车辆-桥梁振动系统的输入激励中，它能够有效地模拟车辆与桥梁之间复杂的动态交互作用。

车轮与桥梁的几何关系见图2-2。

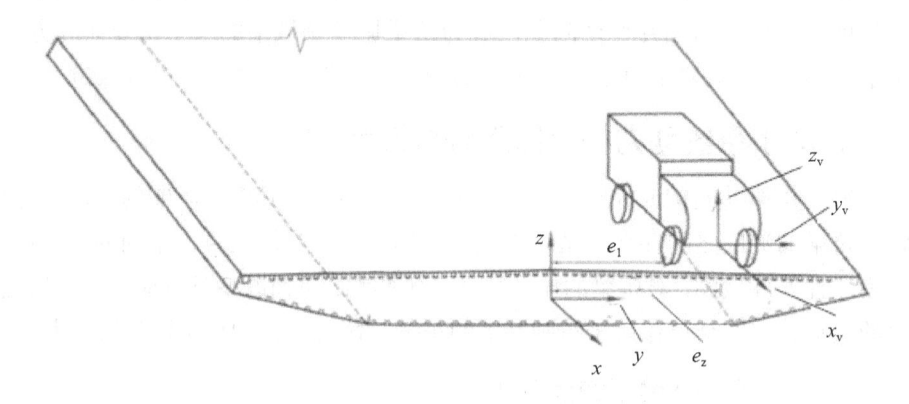

图2-2 车轮与桥梁的几何关系

根据位移协调性原则及图示几何关系，桥面节点位移为 $\{u_b, v_b, w_b, \theta_{xb}, \theta_{yb}, \theta_{zb}\}^T$，1号车轮的位移如下。

$$\begin{Bmatrix} x_v \\ y_v \\ z_v \\ \theta_{xv} \\ \theta_{yv} \\ \theta_{zv} \end{Bmatrix} = \begin{bmatrix} 1 & 0 & 0 & 0 & h & e_1 \\ 0 & 1 & 0 & h & 0 & 0 \\ 0 & 0 & 1 & e_1 & 0 & 0 \\ 0 & 0 & 0 & 1 & 0 & 0 \\ 0 & 0 & 0 & 0 & 1 & 0 \\ 0 & 0 & 0 & 0 & 0 & 1 \end{bmatrix} \begin{Bmatrix} u_b \\ v_b \\ w_b \\ \theta_{xb} \\ \theta_{yb} \\ \theta_{zb} \end{Bmatrix} \quad (2-17)$$

式中，x_v——车轮在 x 方向的位移；

z_v——车轮在 z 方向的位移;

y_v——车轮在 y 方向的位移;

θ_{xv}——车轮绕 x 方向的角度;

θ_{yv}——车轮绕 y 方向的角度;

θ_{zv}——车轮绕 z 方向的角度;

u_b——桥面接触点在 x 方向的位移;

v_b——桥面接触点在 y 方向的位移;

w_b——桥面接触点在 z 方向的位移;

θ_{xb}——桥面接触点在 x 方向的角度;

θ_{yb}——桥面接触点在 y 方向的角度;

θ_{zb}——桥面接触点在 z 方向的角度。

等效路面粗糙度可表示如下。

$$Z_{ci} = r_{ci}(x) + r_{qi}(x) \tag{2-18}$$

$$r_{qi}(x) = W_b + e_1 \theta_{xb} \tag{2-19}$$

式中,$r_{ci}(x)$——车轮与路面接触点的路面粗糙度;

$r_{qi}(x)$——由桥梁位移引起的附加路面粗糙度。

在探讨车辆-桥梁系统振动的过程中,研究往往聚焦于车辆与桥梁之间的竖向相互作用,而对于侧向相互作用则常采用近似处理的方式。具体而言,这一简化处理基于一个假设:在车辆沿桥梁行驶的过程中,车轮在桥面上的运动轨迹严格保持直线,不发生侧向偏移。基于这一假设,桥梁的侧向及扭转位移对车辆振动的影响可以转化为通过其加速度形式作为对车辆系统振动分析的基础激励。在此框架下,这一位移加速度可表示如下。

$$\ddot{Y}_{eq} = \ddot{v}_b + h\,\ddot{\theta}_{yb} \tag{2-20}$$

$$\ddot{\theta}_{eq} = \ddot{\theta}_{xb} \tag{2-21}$$

在构建桥梁系统的有限元模型时,能够详尽地获取分布于各个有限元节点上的详细力学响应数据,这些数据涵盖了位移速度和加速度等关键信息。然而,在模拟车辆行驶在桥梁上的动态交互过程时,车辆系统对于车轮与路面接触点处的具体力学数据尤为重要，特别是位移、速度和加速度这些参数，它们对车辆系统而言，不仅是基础激励的来源，也是等效路面粗糙度激励的重要组成部分。为了准确地将桥梁有限元模型中节点处的力学响应数据映射到接触点上，通常采用基于埃尔米特（Hermite）插值原理的有限元法来实现这一数据传递过程。这里主要以位移插值法为例。

$$u_b(x,t) = N(x)\delta_{bi} \quad (2\text{-}22)$$

式中，$N(x)$——基于两结点的埃尔米特插值多项式矩阵；
δ_{bi}——单元节点位移列阵。

$$N_1 = 1 - 3\frac{\xi_i^2}{l_k^2} + 2\frac{\xi_i^3}{l_k^3}, \quad N_2 = \xi_i - 2\frac{\xi_i^2}{l_k} + \frac{\xi_i^3}{l_k^2}, \quad N_3 = 3\frac{\xi_i^2}{l_k^2} + \frac{\xi_i^3}{l_k^3},$$

$$N_4 = \frac{\xi_i^2}{l_k} + \frac{\xi_i^3}{l_k^2}, \quad N_5 = \frac{\xi_i}{l_k}, \quad N_6 = 1 - \frac{\xi_i}{l_k} \quad (2\text{-}23)$$

式中，ξ——车轮与桥面接触点到单元节点的距离；
l_k——单元的长度。

接触点若在 i 节点和 j 节点之间，其位移和加速度如下。

$$\begin{Bmatrix} u_b \\ v_b \\ w_b \\ \theta_{xb} \\ \theta_{yb} \\ \theta_{zb} \end{Bmatrix} = \begin{bmatrix} N_5 & 0 & 0 & 0 & 0 & 0 & N_6 & 0 & 0 & 0 & 0 & 0 \\ 0 & N_1 & 0 & 0 & 0 & -N_2 & 0 & N_3 & 0 & 0 & 0 & -N_3 \\ 0 & 0 & N_1 & 0 & 0 & 0 & 0 & 0 & N_3 & 0 & N_4 & 0 \\ 0 & 0 & 0 & N_5 & 0 & 0 & 0 & 0 & 0 & N_6 & 0 & 0 \\ 0 & 0 & 0 & 0 & N_5 & 0 & 0 & 0 & 0 & 0 & N_6 & 0 \\ 0 & 0 & 0 & 0 & 0 & N_5 & 0 & 0 & 0 & 0 & 0 & N_6 \end{bmatrix} \begin{Bmatrix} u_i \\ v_i \\ w_i \\ \theta_{xi} \\ \theta_{yi} \\ \theta_{zi} \\ u_j \\ v_j \\ w_j \\ \theta_{xi} \\ \theta_{yj} \\ \theta_{zji} \end{Bmatrix}$$

$$(2\text{-}24)$$

$$\dot{u}_b(x,t) = \frac{\partial u_b}{\partial t} + \frac{\partial u_b}{\partial x}\frac{dx}{dt} = \frac{\partial u_b}{\partial t} + \frac{\partial u_b}{\partial x}u_v = N(x)\dot{\delta}_{bi} + \frac{\partial N(x)}{\partial x}\delta_{bi}u_v$$

（2-25）

$$\ddot{u}_b(x,t) = \frac{\partial^2 u_b}{\partial t^2} + 2\frac{\partial^2 \Omega}{\partial x \partial t}u_v + \frac{\partial^2 u_b}{\partial x^2}u_v = N(x)\ddot{\delta}_{bi} + \frac{\partial N(x)}{\partial x}\dot{\delta}_{bi}u_v^2 + \frac{\partial^2 N(x)}{\partial x^2}\delta_{bi}u_v^2$$

（2-26）

式中，u_v——车辆在桥面上的行驶速度，求导过程中假定其为恒定速度。

2. 求解方法及程序实现

模拟车辆在桥梁上行驶的情境中，常会做出一个合理的假设：车轮在桥面上保持直线行驶，不产生侧向位移。基于这一假设，桥梁的横向位移对车辆的作用，可以等效地视为对车轮施加了一个横向位移的激励。至于车辆对桥梁的作用力，具体表示如下。

侧向作用力

$$F_{vi} = C_{lyi}\dot{Z}_{yi} + K_{lyi}Z_{ci}$$

（2-27）

竖向作用力

$$F_{wi} = C_{lzi}(\dot{Z}_{ci} - \dot{Z}_{si}) + K_{lzi}(\dot{Z}_{ci} - \dot{Z}_{si})$$

（2-28）

车辆-桥梁系统空间振动是通过桥梁与车辆两个系统的分离迭代完成的，运动方程如下。

桥梁

$$M_b\ddot{u}_b + C_b\dot{u}_b + K_bu_b = F_{bg} + F_{vb}$$

（2-29）

车辆

$$M_v\ddot{u}_v + C_v\dot{u}_v + K_vu_v = F_{vg} + F_{bv}$$

（2-30）

式中，F_{bg}，F_{vg}——作用于桥梁和车辆上的力，如桥面附加的二次铺装荷载，以及桥梁和车辆自身的重量等，但是要注意，与车轮和桥梁系统有关的作用力不包含在内；

F_{vb}，F_{bv}——车轮与桥梁之间通过接触产生的相互作用力。

为了求解车辆-桥梁振动系统，需要分别处理两个主要方程：式（2-29）和式（2-30）。这两个方程分别描述了桥梁和车辆在不同条件下的动态行为。接下来，为了确保在车轮与桥梁接触点处两者的运动状态保持协调一致，需要采用分离迭代的方法求解，具体方法阐述如下。

①针对 t 时刻的迭代过程，其起始数值设定为基于 $t-1$ 时刻桥梁的运动状态（u_b^{t-1}，$\dot{u}_b^{t-1}$，$\ddot{u}_b^{t-1}$），并叠加 t 时刻的路面粗糙度作为额外的输入条件。

②利用已知的等效路面粗糙度，可以计算出车辆在行驶过程中所受到的外部激励。

③为了获取车辆在 t 时刻的详细运动数据，采用高效的纽马克 β（Newmark-β）数值方法求解相应的运动方程，从而得到车辆的响应（u_v^t，$\dot{u}_v^t$，$\ddot{u}_v^t$）。

④计算出车辆作用于桥梁上的力，这一作用力将与其他荷载作用组合起来，共同构成桥梁有限元模型的输入荷载列阵。

⑤利用纽马克 β 法再次针对 t 时刻的桥梁运动方程进行求解，以求得桥梁在该时刻的响应（u_b^t，$\dot{u}_b^t$，$\ddot{u}_b^t$）。

⑥将协调一致性的判定准则作为重要参考依据，重复执行①~⑤的计算过程，直至满足条件为止。完成当前时刻的计算后，以上述循环步骤为基础，继续推进至下一时刻的计算。

在程序中，程序计算流程如图 2-3 所示。

第二章 大跨度桥梁设计理论

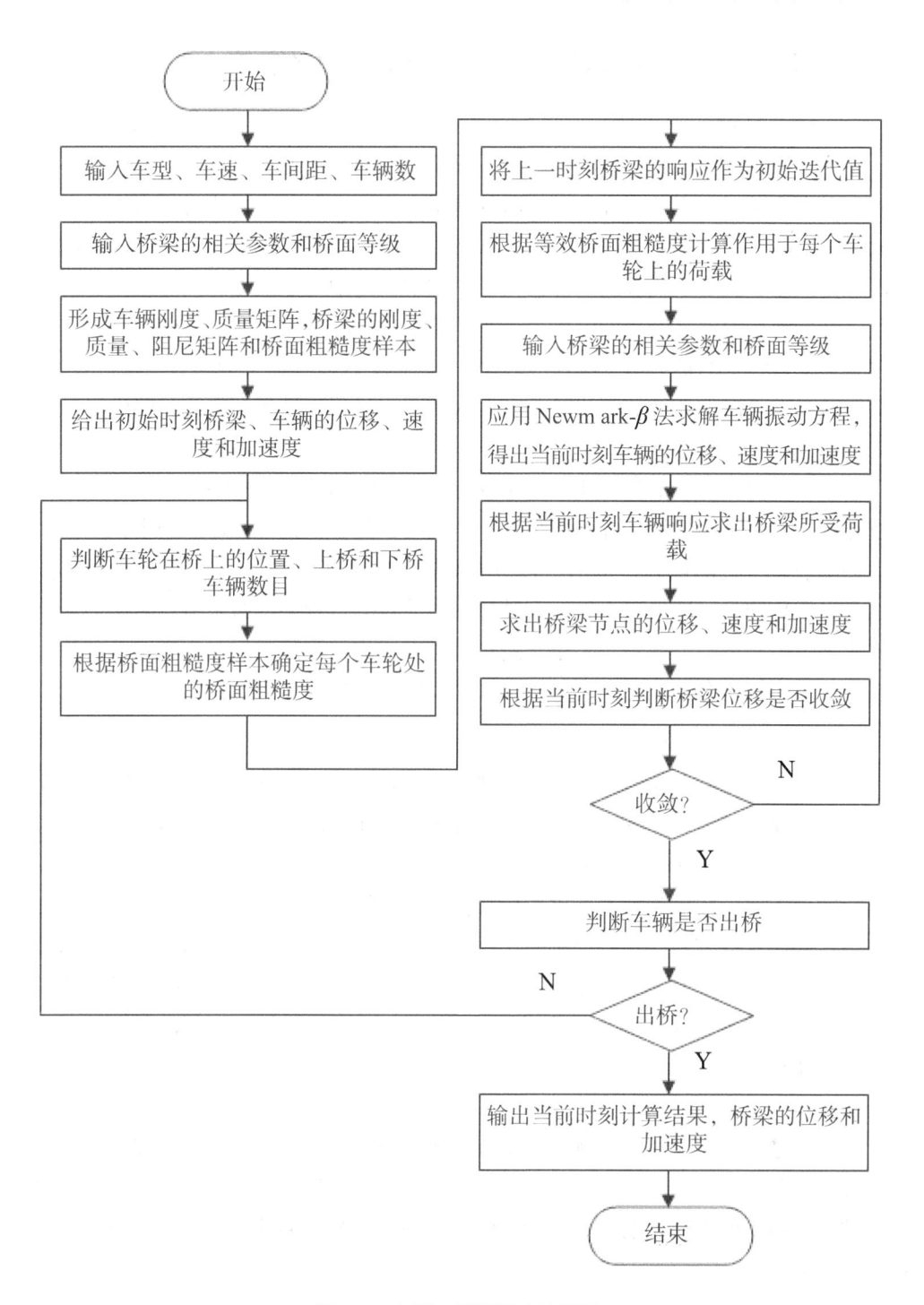

图 2-3 车辆－桥梁程序流程图

55

（二）不同因素对车辆-桥梁系统振动特性的影响

1. 单车过桥

为了深入研究移动车辆与大跨度桥梁系统之间的动态交互作用，首要任务是模拟单个车辆以一定速度穿越桥梁时的情景。当车辆刚进入桥梁时，跨中节点开始经历振动，但初期振动幅度甚微，表现为跨中区域轻微地向上弯曲，此弯曲幅度并不显著。随着车辆逐渐靠近桥梁跨中位置，跨中节点的动态响应发生显著变化，开始转变为向下的挠曲趋势。当车辆恰好位于跨中位置时，跨中的向下位移达到整个过程中的最大值。随后，当车辆离开跨中区域并向桥梁的另一端行驶时，跨中节点的竖向位移开始逐步减小，但这一减小过程相较于车辆靠近跨中时位移增加的速率显得较为平缓。

此外，值得注意的是，相较于车辆与跨中相背离的过程，在车辆驶向跨中的过程中，主梁跨中的波动幅度明显偏小。同时，随着车辆不断靠近跨中，主梁跨中的加速度也逐渐增大，特别是跨中节点的竖向加速度表现出显著的上升趋势。然而，有趣的是，即便在车辆逐渐驶离跨中节点的过程中，跨中节点竖向加速度并未展现出显著的下降趋势。单车过桥时跨中响应的实际状况与力学定性分析相吻合，进而能够有效证明车辆-桥梁振动程序的准确性和可靠性。

2. 车辆速度的影响

为了深入探究车速这一关键因素在车辆-桥梁系统中如何影响主梁跨中的动态响应，精心设计一组实验，选取 40 km/h、60 km/h、80 km/h、100 km/h 这四种具有代表性的车速作为分析对象。实验采用厢式货车作为测试车辆，设定桥面粗糙度为 A 级，以确保实验条件的标准化和可重复性。同时，设定车辆保持 10 m 的恒定间距，并安排 10 排车辆依次上桥，以模拟实际交通流中的车辆间距和数量。在车辆正式上桥之前，让每辆车先通过一段 100 m 的 A 级路面，以模拟实际道路行驶状况对车辆状态的影响。实验过程中，可以采用 0.01 s 的时间步长，以确保能够捕捉到跨中响应的细微变化。主梁跨中响应记录时间从厢式货车上大跨度悬索桥主跨的瞬间开始。

实验结果显示，当第一辆车车头到达跨中位置时，跨中区域会出现较为显著的波动现象，这种波动随着后续车辆的连续通过而持续存在，直至最后一辆车完全驶离跨中。值得注意的是，主梁的跨中竖向位移响应并非简单地随着车速增加而持续增大。

第三章 大跨度桥梁的抗震设计

大跨度桥梁作为重要的交通基础设施，其抗震设计至关重要。地震是一种极端的自然灾害，对桥梁结构的影响可能导致灾难性的破坏，因此大跨度桥梁的抗震设计必须引起高度重视。可以说，大跨度桥梁的抗震设计，作为桥梁工程领域的核心研究方向，其深入探索对于提升桥梁的抗震性能、确保人民群众生命财产安全具有无可估量的价值。本章主要围绕大跨度桥梁抗震设计现状、大跨度桥梁抗震设计方法、大跨度桥梁抗震设计内容展开研究。

第一节 大跨度桥梁抗震设计现状

一、大跨度桥梁抗震设计方面取得的成绩

（一）抗震设防标准及性能目标研究已取得一定的成果

确定合理的设防标准是大跨度桥梁抗震设计时首先需要解决的问题。有关大跨度桥梁的抗震设防标准问题的研究，目前已取得了一定的成果。例如，中国工程院院士、地震与防灾工程专家谢礼立等论述了抗震设防标准在防震减灾工作中的重要作用和地位，指出应制定符合国情的抗震设防标准，并讨论了基于性能抗震设防标准的确定方法。上海市市政公用设施抗震专项论证专家叶爱君等介绍了国内典型大跨度桥梁的抗震设防标准，基于多级设防的抗震设计思想，探讨了大型桥梁工程的设防标准、性能要求及验算指标。国家减灾委员会专家王克海等指出大型桥梁工程所采用的抗震设防标准一般要略高于普通桥梁，但并不是越高越好，建议采用地震重现期来描述设防标准。防灾科技学院研究员张敏政研究了汶川地震中大量民居楼、学校教室倒塌或破坏程度，提出应提高其抗震设防标准。重庆交通科研设计院结构动力工程所所长唐光武等介绍了我国公路桥梁抗震设防标准的发展，比较了国内外现行规范的抗震设防标准。

大跨度桥梁作为基础设施建设的重点项目，其建设投资庞大，且往往对地区的社会经济发展产生深远影响。一旦这些桥梁遭受重大破坏，将会使震区的交通网络直接被阻断，不仅给救灾工作带来极大挑战，还可能加剧次生灾害，进而造成不可估量的经济损失。然而，随着桥梁抗震研究的深入和技术的不断进步，当前的大跨度桥梁抗震设计目标已发生了显著转变。现在的设计目标不仅要求桥梁在地震中保持通行能力，还要求其能够在地震后迅速恢复损伤，以保证交通网络的连续性和稳定性。

关于国外大跨度桥梁的抗震性能目标，本章主要以美国塔科马新桥作为典型案例进行说明。这是（366 m+854 m+427 m）悬索桥，采用两个设防水平：功能性评价地震水平（100年一遇）和安全性评价地震水平（2000年一遇）。

塔科马新桥的抗震性能目标如表3-1所示。

表3-1 塔科马新桥的抗震性能目标

抗震设防标准	结构构件	性能目标	具体准则
100年重现期100年超越概率63%	结构各构件	无损伤	钢筋混凝土最大应力均不大于名义屈服应力；塔顶不出现残余位移
2000年重现期100年超越概率5%	桥塔沉井	轻微损伤	混凝土应变不大于0.004，钢筋应变不大于0.015
	沉井以上桥塔	可修复损伤	约束混凝土应变达到极限应变的75%，纵向钢筋达到极限应变的55%，约束钢筋达到其极限应变的40%。同时，塔顶横桥向残余位移相对沉井顶应小于610 mm，相对于沉井底小于914 mm。塔顶顺桥向残余位移相对沉井顶应小于305 mm，相对于沉井底小于610 mm
	锚碇块	无损伤	
	加劲桁架	无损伤	
	次要加劲桁架	可修复损伤	
	支座	可修复损伤	
	伸缩缝	严重损伤	
	缆索体系等	无损伤	

我国已建部分大跨度桥梁的抗震性能目标，如表3-2所示。

表 3-2 我国典型大跨度桥梁的抗震性能目标

工程名称	抗震设防标准	总体性能目标
润扬长江大桥	E1：475年重现期 50年超越概率10%	结构处于弹性工作状态，震后不需要修复即可正常通车
	E2：2450年重现期 50年超越概率2%	变形在容许范围
虎门大桥	E1：475年重现期 50年超越概率10%	结构处于弹性工作状态，震后不需要修复即可正常通车
	E2：2450年重现期 50年超越概率2%	变形在容许范围
江阴大桥	E1：475年重现期 50年超越概率10%	结构处于弹性工作状态，震后不需要修复即可正常通车
	E2：2450年重现期 50年超越概率2%	变形在容许范围
舟山西堠门大桥	E1：1000年重现期 100年超越概率10%	结构处于弹性工作状态，震后不需要修复即可正常通车
	E2：2450年重现期 100年超越概率4%	主塔、辅助墩、过渡墩、桥梁基础允许出现不需要修复的轻微损伤

比较国内外大跨度桥梁的抗震设计可以看出，国内外对大跨度桥梁的抗震性能已达成以下共识。

第一，在大跨度桥梁的设计使用寿命期内，桥梁震后必须具有不经修复也能保证完全通行能力。

第二，震后大跨度桥梁的主要构件无损伤或损伤可修复。

需要说明的是，以上国内外工程实践对象为大跨度公路桥梁，且大多数的桥址地震烈度相对较低。

大跨度桥梁建设投资巨大，具有重要的政治及经济地位，设计时通常采用较高的抗震设防标准，按多级设防。国外典型大跨度桥梁的抗震设防标准较高且各构件的抗震性能明确，而我国公路大跨度桥梁的功能评价标准为地震动（相当于E1地震作用）不小于475年。结合我国的经济发展水平及国内外最新研究成果确定高烈度地震区大跨度桥梁的地震设防水平，可为铁路大跨度桥梁的抗震设防标准的确定提供支撑。

（二）人工地震波试验受到重视，为抗震设计提供了有力支撑

为了深入探究结构在地震作用下的响应机制以及评估抗震措施的实际效果，

近年来科研人员和工程师们投入了大量精力进行结构地震反应的试验研究。地震模拟振动台作为探索地震科学与结构工程领域的尖端装备，其核心价值在于能够高度逼真地再现地震的复杂动态过程，并灵活执行人工地震波试验。它为科研人员提供了一个先进的平台，使他们能够在受控的试验环境下，深入研究各类建筑结构的地震响应特性及潜在的破坏机制，开辟了高效且直观的研究途径。

回顾过去数十载的发展历程，地震模拟振动台在桥梁工程、海洋结构、核能工程等多个关乎国计民生的关键抗震领域做出了卓越的贡献。它促进了抗震设计理念的革新与抗震技术的飞跃，为显著提升各类工程结构的抗震安全性与韧性水平，筑起了坚实的科技防线。

当前，实验室试验凭借其成本较低、可控性强及可重复性强等诸多优势，成为科研界关注的焦点。特别是自 1989 年洛马·普里埃塔地震与 1995 年阪神地震产生灾难性后果以来，地震工程界深刻认识到既有设计理论与方法的不足，从而引发了广泛的反思与革新。在这样的背景下，实验室振动台的建设及其配套的试验研究工作，不仅成为评估与改进抗震设计的核心手段，更受到了前所未有的广泛关注。现阶段，针对多点输入问题，研究趋势明显偏向于理论与数值方法的深度探索，然而，为了更深入地理解其内在机制并验证理论模型的有效性，桥梁模型的多方案试验成为不可或缺的环节。通过与实际桥梁在多点输入下的响应进行对照分析，更准确地评估了理论和数值研究的准确性，进而为这一领域的研究提供了更为坚实的基础。同时，大跨度桥梁的实际震害经验很少，因此更应重视试验研究。

目前，我国重庆交通科研设计院已建成世界上唯一的一个大型三轴向高性能地震模拟试验台阵系统，从而使得大跨度桥梁结构的地震模拟试验研究成为可能。

二、大跨度桥梁抗震设计方面存在的问题

（一）桥梁抗震设计规范化程序的编写工作有待完善

随着我国公路桥梁抗震设计规范的不断拓展，实际工程设计与前沿理论、方法之间的融合日益深化，形成了紧密的互动关系。在当今信息技术飞速发展的时代，计算机的普及为工程设计人员提供了强有力的支持，使他们有能力将这些现代化的计算与分析工具应用于实践，从而推动更为先进、可靠的设计理念的实现。

为了精准且高效地实施桥梁抗震设计，研发一套拥有自主知识产权、专为

桥梁抗震设计量身定制的标准化软件程序显得十分迫切。该程序的易用性与稳定性，将直接关乎工程师能否顺利运用前沿技术，实现设计优化的目标。然而，当前此领域尚存诸多待完善之处，亟须力学领域的专家学者与工程技术实践者携手并进，通过紧密合作与不懈努力，共同推动这一关键任务的圆满达成。

（二）抗震设计规范缺乏适用性

我国现行的《铁路工程抗震设计规范》（GB 50111—2006）明确指出，其适用范围仅限于跨度小于 150 m 的梁式桥。同样，针对城市桥梁的抗震设计，《城市桥梁抗震设计规范（附条文说明）》（CJJ 166—2011）也仅针对跨径 150 m 以下的桥梁制定了详细规范。对于大跨度桥梁而言，这些规范则仅提供了基本的抗震设计原则，并未提供具体的指导，所以针对大跨度桥梁的抗震设计需要专门且深入的研究和制定更具体的规范。其他国家的桥梁抗震设计规范也存在类似的局限性。例如，美国加利福尼亚州的桥梁抗震设计规范（2013年版）和美国国家公路与运输协会（AASHTO）规范（2005年版）也仅适用于跨径不超过 150 m 的桥梁，而日本铁道抗震设计规范适用于跨径 200 m 以下的桥梁。欧洲的桥梁抗震设计规范在跨径方面则表现出更大的灵活性，并未对桥梁的跨径做出明确限制，它特别适用于斜拉桥和拱桥的设计。但值得注意的是，该规范并不完全适用于悬索桥的抗震设计。

这表明，在全球范围内，针对不同类型的桥梁和跨径，各国都制定了相应的抗震设计规范，但现有的绝大多数桥梁抗震设计规范不适用于大跨度桥梁的抗震设计。

第二节　大跨度桥梁抗震设计方法

在深入梳理多年来的研究积累与实践经验，并广泛参考国外文献资料的基础上，结合以往的抗震设计方法和能力设计思想，本书提出一套适用于大跨度桥梁的抗震设计实用方法，主要包括桥梁抗震概念设计、桥梁延性抗震设计、桥梁减隔震设计。对于大跨度桥梁的抗震设计，其过程被细分为两个关键阶段。在方案设计阶段，首要任务是进行抗震概念设计，通过精心选择和优化，确定最符合抗震要求的理想结构体系，为后续设计奠定坚实基础。进入初步或技术设计阶段后，应开展延性抗震设计，并依据能力设计思想对桥梁的抗震能力进行细致验算。在这一阶段，如果发现结构存在抗震性能不足的情况，将适时进行减隔震设计，以有效增强结构的抗震性能，确保大跨度桥梁在面临地震挑战时能够展现出更强的韧性和可靠性。

一、桥梁抗震概念设计

自20世纪70年代起，工程师们针对地震动输入、地震地质灾害、抗震分析方法、设计理念、构造措施等多个方面进行了深入且广泛的研究，这些努力显著推动了桥梁抗震设计领域的发展。然而，由于地震本身的不可预测性和复杂性，以及结构计算中理论假设与实际情况之间的固有差异，桥梁抗震设计的理论计算难以完全准确地反映实际地震条件下的桥梁表现。在过去几十年里，通过对多次大地震中桥梁受损情况的统计与分析，工程师们积累了丰富的抗震设计经验，并逐步提出了"桥梁抗震概念设计"这一方法。

桥梁抗震概念设计强调从桥梁结构的总体布置和抗震设防体系出发，同时注重细部构造的抗震性能。它采用定性的方法，从结构整体的角度进行抗震能力的设计和规划，为桥梁抗震设计提供了新的思路和方法。与概念设计相对应的是"参数设计"。参数设计是定量地进行抗震能力设计与验证，主要是地震作用计算、构件强度验算、结构和支座变形验算等。概念设计与参数设计相辅相成，共同构成桥梁结构抗震设计。概念设计着重于总体方案与技术路线，是结构抗震设计的纲领与骨架。良好的概念设计能从根本上提高结构的抗震能力，避免结构抗震能力先天不足，避免参数设计中的复杂性、盲目性。参数设计着重于技术细节与抗震能力的定量分析与评价，是结构实现抗震概念设计的必要手段，是对概念设计的效果验证。抗震概念设计、参数设计的对比如表3-3所示。

表3-3 抗震设计对比

分类	阶段	设计任务	特点
概念设计	初步设计阶段	对桥梁结构进行合理抗震选型，采用适当的抗震策略，从根本上提高桥梁结构的抗震性能	不需要投入太多的资金和人力，也不需要过于详细的计算，而要着重于思考和比较，并用少量文字和几张图表达设计意图
参数设计	施工图设计阶段	定量地进行抗震能力设计与验证，主要是地震作用计算、构件强度验算、结构和支座变形验算	着重于技术细节与抗震能力的定量分析与评价，是结构实现抗震概念设计的必要手段，是对概念设计的效果验证

对于大跨度桥梁而言，概念设计不仅是工程设计的灵魂，更是整个设计过程中最为关键和具有挑战性的环节。它凝聚了工程师对项目总体目标的深刻洞察，展现了其对设计任务的娴熟驾驭能力，同时也在技术创新、工程逻辑和综合应对能力等方面体现了工程师的卓越素养。设计任务的成败和优劣在很大程度上取决于其概念设计的品质。大跨度桥梁抗震概念设计能够从根本上提高结构的抗震能力，避免结构体系的先天性不足，更为经济、有效地实现抗震设防目标。

（一）抗震概念设计原则

设计者以基本抗震设防原则为基石，通过概念设计来统领总体设计决策，选择恰当的结构体系，这对于确证大跨度桥梁结构的抗震性能十分关键。在建造大跨度桥梁的过程中，若所选抗震体系不够合理，往往需要付出高昂的经济代价才能实现预期的抗震设防目标。而通过概念设计，能从根本上提高大跨度桥梁结构的抗震能力，达到经济、有效的目的。

遵循抗震设计原则是大跨度桥梁抗震概念设计最重要的内容，具体包括桥位选址原则、总体布置原则、多道设防原则三个方面。

1. 桥梁选址原则

道路选线的过程受到路线线型标准的严格制约，因此大跨度桥梁的布设总体上也必须遵循路线的具体需求。在选择桥位时，必须基于详尽的工程地质勘察和专项工程地质、水文地质调查，综合考虑地质构造的活动性、边坡稳定性和场地的地质条件等多重因素，进行全面而细致的综合评价。这一过程中，需要清晰地区分哪些地段对桥梁抗震有利，哪些地段条件一般、不利或存在安全隐患，并力求最大化地利用对抗震有利的地段进行桥梁建设。

同时，桥址场地的选择应确保墩台基础能够建立在地质坚硬、稳定的场地上，从而有效避开发震断层以及其他可能给桥梁带来不利影响的不稳定区域和危险地段。地形、地质等因素引起的桥梁结构震害，一般难以通过大跨度桥梁结构抗震设计达到理想的防震效果，工程建设中往往采取避让原则。

2. 总体布置原则

在概念设计阶段，对于大跨度桥梁结构，必须着重考虑其抗震性能，并在总体构思和布置体系中融入有利于抗震的体系方案。这样的设计旨在确保桥梁结构在面临地震威胁时，既安全又经济。

（1）抗震体系布置原则

大跨度桥梁结构抗震体系是一个综合概念，涵盖了各种能够抵御地震作用力的桥梁结构类型，其核心功能在于有效应对水平和竖向的地震作用，确保桥梁的稳定与安全。通常从抗震角度来说，桥梁布置应尽量采用直线，注重结构整体性，并注重结构刚度和质量平衡。

理想的桥梁结构应当是结构形式简单、匀称、轻盈，如桥跨均匀、墩高一致的直线桥梁往往比墩高变化较大、桥跨不均匀的匝道桥具有更好的抗震性能，而上部结构采用组合结构或钢结构往往比混凝土结构的抗震性能更优。

实际工程中，大跨度桥梁的桥型选择应综合考虑地形、地质、地基条件、布局条件，以及场地类型和结构基本特点。桥梁很难按照理想的方式布置，但仍有一些基本原则可以遵循，以保证桥梁的抗震能力。

总结历次地震震害教训，避免地震作用下桥梁结构出现整体破坏和倒塌，保证交通生命线畅通，大跨度桥梁结构抗震体系必须严格遵循以下规定：首先，确保传力途径的稳定可靠，以保障地震力在结构中的有效传递；其次，设置明确且可靠的位移约束，有效控制结构在地震作用下的位移，防止落梁现象的发生；再次，明确能量耗散部位，确保其在地震中能够合理、可靠地耗散能量，减轻结构受到的冲击；最后，制定清晰的构件损伤发展路径，以确保在部分结构构件受损时，整个结构仍能保持稳定，避免整体倒塌。

在大跨度桥梁设计中，大部分质量集中在上部结构，因此，地震产生的惯性力也主要来源于此。这些地震惯性力通过上、下部结构之间的连接构造（支座等）传递给墩柱，再由墩柱进一步传递至基础，并最终由地基来承受。一般来说，上部结构的设计主要由恒载、活载、温度作用等控制。而墩柱在地震作用下将会受到较大的剪力和弯矩作用，一般由地震反应控制。因此，需要很慎重地设置上下部结构之间的连接构造。均匀对称地设置上、下部结构的连接构造，可以使各下部结构均匀地分担地震力，有利于提高大跨度桥梁结构的整体抗震性能。[1]

（2）抗震结构体系的适应性

考虑地形、地质、地基条件、布局条件等因素后，选择适当的桥梁构造形式非常重要。不同的结构体系有着不同的地震响应特点，概念设计中，要结合结构动力特性特点，因地制宜，选择合理的结构体系。大跨度桥梁抗震结构体系的适应性如下。

---

[1] 殷强.浅谈映秀至汶川高速公路桥梁抗震设计[J].四川建筑，2014，34（3）：154-156.

第一，简支梁桥易发生落梁灾害，为做好防落梁设计，宜选择尽可能长的上部结构连续的桥梁形式。在地基条件和构造条件有明显变化的地方，必须针对上部结构分联位置，探讨对比墩顶处上部结构分离和连续方案。对于长联多跨连续梁桥，为满足风荷载、车辆制动力等荷载要求，一般需设置固定墩。地震作用下，固定墩往往承受较大的地震力，这时有必要设置合理的水平力分散构造，使下部结构受力均匀。

第二，在可能产生软质黏性土层滑动、沙质地基液化及伴随液化的流动化等地基变化的填拓地基和冲积地基上，宜选择水平刚性较高的基础、多点固定或框架桥等形式，使上、下部结构之间有较多的富余约束而不容易导致结构体系失效。

第三，在软弱黏性土层、液化土层和严重不均匀地层上，不宜修建大跨径超静定桥梁和其他对地基不均匀变形敏感的桥梁，如连续梁桥、有推力拱桥等。

第四，由于路线需求等因素，桥位无法避开发震断裂，需要跨越发震断层时，因地震作用下易产生显著永久地面位移，应采用结构简单、便于震后修复的结构。避免采用有推力拱桥、连续刚构、连续梁等受断层错位影响较大的桥梁形式。下承式系杆拱桥类似于简支梁桥，在保证墩梁搭接长度的情况下，对断层地震具有相对较好的适应能力。

第五，地基条件良好、自振周期短的大跨度连续桥梁宜优先选择减隔震设计。

第六，在可能因部分损坏导致整个体系崩溃的构造系统中，必须考虑如何限定该部分的损坏。

第七，必须区分大震下变形耗能的可塑性化构件和保持基本弹性的能力保护构件。几何非线性影响较大的构造，以及恒载作用下偏心距大的构造在大震下容易变得不稳定，应避免采用。

第八，采用钢结构、组合结构等上部结构，有利于降低上部结构质量，从而降低结构的地震响应。

（3）基于场地的设计原则

场地类型及其地震动特性对大跨度桥梁结构的动力响应起着至关重要的作用。当桥梁面临不同的场地地震动时，其地震响应会呈现出显著的差异。值得注意的是，上部结构对地震力的放大效应往往受地基土种类的直接影响。特别地，当特定场地的地震动显著频率成分与桥梁结构的基频接近时，结构的地震响应将被显著增强。因此，在大跨度桥梁的抗震概念设计阶段，必须充分考虑场地条件,并据此选择合适的结构体系。通过调整桥梁墩身刚度等设计参数,可以使桥梁结构的抗震性能与场地特性相匹配,从而确保桥梁在地震作用下的稳定性和安全性。这是大跨度桥梁抗震概念设计中不可或缺的重要原则。

在坚硬土壤或岩石上,场地地震动能量主要集中在短周期范围。此时,柔性长周期体系是较好的选择。若结构较柔,即结构的自振周期大于场地特征周期,自振周期的增大将使动力放大系数大幅度减小。可采用在某些桥墩上设置纵向竖缝以减小桥墩横向刚度,也可以采用减隔震设计,延长结构周期来改善结构受力。

在软弱地基上,如Ⅲ类、Ⅳ类场地的特征周期长,更多的地震动能量集中在长周期范围。长周期结构在软土地基上将导致墩顶位移加大,结构位移成为制约因素。而刚性的短周期结构可以避免大强度的地震响应。此时,刚性结构相对柔性结构往往具有更好的适用性。可将独柱墩设置成框架墩以增大结构的横向刚度,降低大跨度桥梁结构地震响应。

(4)主桥布置

在跨越山谷、河流等桥梁结构中,主桥一般需要采用跨越能力强的大跨度桥梁。地震作用下,会使主桥的连接处产生较大的相对位移,从而导致落梁震害。在历次大地震中,不乏大跨度桥梁过渡孔落梁的情况。为了防止因相对位移过大而导致落梁震害,应加宽该处盖梁的宽度,设置限位装置或合理的连梁装置。

3. 多道设防原则

地震的发生具有极大的不确定性,目前的地震预测尚不成熟,抗震设防烈度的划分存在不确定性,灾难性大地震多发生在低烈度区。因此,大跨度桥梁抗震设计既要满足"按烈度设防",也要有一定防御突发性超烈度大地震的能力。多道设防中,上一道防线的破坏会消耗地震能量、改变结构的动力特性,减小地震力,下一道防线进一步保障结构的整体性能,避免落梁、倒塌的发生。整体结构层面,多道设防包括结构本身的抗震设防(延性或减隔震设计)及抗震措施等。在大跨度桥梁抗震设计中,防落梁系统也应按照多道设防的原则,一般包括限位装置、防落梁构造、梁端搭接长度、防落差构造等。多道抗震防线的要求,对在大震作用下结构抗倒塌具有重要意义。大震作用下,多道防线设计如表3-4所示。

表 3-4　大震作用下多道防线设计

抗震阶段	防线	对应装置或构件	作用
结构抗震	防线 1	结构本身抗震设防（延性设计或减隔震设计）	抵抗设计地震
防落梁系统	防线 2	限位装置	限制墩梁相对位移
防落梁系统	防线 3	防落梁构造	防止落梁
防落梁系统	防线 4	梁端搭接长度或防落梁装置	防止落梁

通常而言，大跨度桥梁抗震设计若能在概念设计阶段就充分考虑抗震需求和性能，那么在实际应用中往往会展现出较为优越的性能，以满足抗震要求。然而，工程场地地震风险具有不确定性，以及对桥梁结构在地震中破坏机制的认知局限性，大跨度桥梁的抗震设计难以完全依赖纯粹的量化分析方法。为了确保结构的安全性和稳定性，满足特定的设防要求，并结合结构自身的特性，必须采取一系列具有针对性的抗震策略。这些措施旨在加固总体或局部的薄弱环节，同时健全与优化概念设计的框架。在概念设计阶段，应特别注重提升结构的构造质量，通过构建多重抗震防线来增强抵御能力。此外，清晰界定桥梁在极端地震条件下的失效路径也是至关重要的，这有助于更好地理解和预测结构的地震反应，从而增强结构应对地震动不确定性的适应性和韧性。

在大跨度桥梁地震损害的典型案例中，落梁现象尤为普遍。这类灾害的发生往往源于两个主要原因：一是墩（台）与梁之间的搭接长度不足无法有效抵抗地震产生的位移；二是主梁与桥墩的连接部位缺乏必要的限位及防落梁构造，导致结构在地震作用下容易失稳。为了提升大跨度桥梁的抗震性能，需要在设计上进行一些关键的改进。在主梁与主梁之间，以及主梁与桥墩之间，增设合适的连接结构，以加强整体结构的稳定性。在接近地震断层的地方，应将梁端的搭接长度适当延长，以应对地震时可能产生的较大位移。此外，增设挡块、剪力销、防震锚栓等限位装置，以及桥台防撞构造，都是有效的措施，它们能够限制结构的位移，防止落梁现象的发生，从而推动桥梁的抗震能力有效提升，增强桥梁的安全可靠性。

抗震构造措施的设计不应对大跨度桥梁的日常使用需求与减隔震装置的功能发挥产生负面影响。若这些措施显著改变桥梁的地震响应特性，从而对定量计算的准确性产生干扰，那么在进行抗震评估时就必须将其纳入考量范围。特别是在地震作用下，桥梁结构若表现出强烈的地震反应，无疑会增加发生落梁等严重破坏的风险，此时抗震构造措施的重要性就更为凸显。因此，对于位于高地震烈度区域的大跨度桥梁结构而言，必须高度重视并采取有效的抗震措施，以确保其在关键时刻能够发挥关键作用。

（二）针对不同桥型的抗震概念设计要点

在地震烈度较高的地区，结构的地震反应往往成为制约设计决策的关键因素。因此，在概念设计阶段，对结构的整体布局、结构体系以及基础形式的选择等关键构思，都必须将抗震性能置于首要考量位置。虽然各种桥型因其跨度、构件尺寸和基础形式不同而表现出不同的地震反应，但同类桥型在动力特性、地震反应等方面往往存在一定的规律。要了解这些规律和特征，重视不同桥型的抗震设计要点，在大跨度桥梁抗震概念设计中做出一些基本判断。

例如，针对大跨度梁式桥，其抗震概念设计包括以下两个要点。①直线及整体原则。从桥梁抗震角度出发，理想的桥梁布置形式应当是直线桥梁，即应尽量使桥梁位于直线上。同时，在构建结构体系时，其整体性和规则性得到充分的保障。整体性不仅能够有效预防地震时结构构件及非结构构件的散落与损坏，还是结构充分发挥其空间协同效应、有效抵御地震冲击的基石。为了增强桥梁结构的整体性，应努力使大跨度桥梁上部结构保持连续，并尽量减少伸缩缝数量，以降低地震时的破坏风险。②刚度和质量平衡原则。在墩台的布局上，应力求对称分布，各桥墩的高度也应尽量保持一致，以减少因刚度差异导致的地震力集中效应。同时，通过灵活调整减隔震支座的参数，可以进一步优化下部结构的总体刚度分布，确保各桥墩的刚度趋于一致，从而更加均衡地分担水平地震力。

又如，针对大跨度拱桥进行抗震概念设计时，需特别注意以下三个要点。①宜在拱上立柱或立墙端部设置铰接结构，以允许这些关键部位在地震作用下发生一定程度的转动或变形。②采取一系列措施来推动拱桥的稳定性和整体性进一步增强。例如，对于中承式和下承式拱桥，设置风撑是一种常用的方法，它能够有效增强拱桥的稳定性，同时还要注意端横梁刚度的强化。而对于上承式拱桥，则应特别关注拱脚部位的横向联系，通过加强该区域的连接和支撑，来确保下部结构在地震中的整体稳定性。③须明确区分有推力拱桥与无推力拱桥的抗震设计差异。

二、桥梁延性抗震设计

当今，抗震设计领域正迎来一场变革，由传统的强度理论逐渐转向更为先进的延性抗震理论。这一转变在多个地震频发的国家中尤为显著，他们的桥梁抗震设计规范已纷纷采纳了延性抗震理论。相较于强度理论，延性抗震理论更注重利用结构特定部位的塑性变形来抵御地震的影响。这种设计思路的巧妙之处在于，通过允许结构在地震作用下发生可控的塑性变形，不仅能够有效消耗地震能量，还能延长结构的振动周期，从而显著降低地震对结构产生的响应，提高整体抗震性能。如今，依托于延性抗震理论的抗震设计方法已成为重要的大跨度桥梁抗震设计方法。

（一）延性抗震设计的主要内容

1.能力设计方法

能力设计原理的核心思想在于，通过精确辨识结构体系中的延性构件和能力保护构件，并巧妙地在这两者之间设定一个合理的强度安全等级差异，以此策略强化整个结构的抗震性能。能力设计方法的核心在于，将那些主要承担抵抗地震侧向力的结构构件设计成具有显著延性的部件，以确保在面临大地震等极端情况下，这些构件能够充分利用其塑性特性耗散地震能量。对于结构中其他非主要构件，能力设计方法要求这些构件的设计强度要超过主要抗侧力构件在潜在塑性铰区截面可能达到的最大强度，以此来避免由于外部作用导致的进一步损害和破坏。对于大跨度桥梁结构体系而言，能力设计方法有以下特点。

第一，精准定位出结构体系中潜在的塑性铰区，并针对这些区域截面进行抗弯强度的精细设计，确保其与所需的强度水平相匹配。同时，对于塑性铰区的构造设计，应进行详尽的规划与优化，以确保其截面在受到外力作用时，能够按预期提供足够的塑性转动能力，从而有效吸收和耗散地震能量。

第二，在含有塑性铰的构件设计中，必须密切关注可能发生的脆性非线性变形模式，如剪切破坏、锚固失效以及失稳等。为了防控这些潜在的破坏风险，应充分利用塑性铰区截面的最大抗弯强度，将其作为抵抗这些脆性变形模式的一道防线，确保结构在地震作用下的整体稳定与安全。

第三，针对那些脆性构件或不宜发生塑性变形的构件，在设计时应特别提升其强度安全等级，确保它们比包含塑性铰的构件拥有更高的安全性能。这样的设计策略旨在保障，在遭遇任何可能的地震动强度时，这些关键构件都能保持稳定的弹性状态，避免发生塑性变形或脆性破坏。

与常规的静力强度设计方法相比，能力设计方法在抗震结构设计中展现出显著的优势：塑性铰只出现在预定的结构部位；可以选择合适的耗能机制；预期出现塑性铰的各个构件，均可独立进行专门设计；确保结构具有预知的延性性能，使结构具有最大的防倒塌能力；非弹性变形被巧妙地限制在预期会出现弯曲塑性铰的特定构件上，而大多数的构件则由于得到有效的能力保护，它们的反应被严格控制在弹性范围内，从而实现设计和施工过程的合理简化，并推动总体造价进一步降低。

对于大跨度桥梁结构而言，按照能力设计方法进行设计，可以灵活选择合理的塑性铰机构，并结合相应的延性构造措施，使结构在遭遇地震等极端情况时能够高效地耗散能量，降低危害程度。这样的设计确保了大跨度桥梁结构在未来可能遭遇的大地震中具有出色的延性表现，从而极大提高了结构的抗震性能。

2. 塑性耗能机制的选择

在使用延性抗震设计方法构筑大跨度桥梁时，选取塑性耗能机制即选定结构中预期形成塑性铰的关键位置。这一选择需要精心考虑，以确保桥梁在地震等外力作用下，能通过这些位置有效地耗散能量，实现最优的抗震性能。同时，还应尽量让预期的塑性铰出现在那些便于检测、维修和加固的结构部位，以便在发生地震后能够迅速进行修复，恢复大跨度桥梁的正常使用功能。此外，需要针对不同类型的桥墩，进行恰当的塑性铰位置选择。

（1）单柱式桥墩

地震沿横桥向和顺桥向作用时，单柱式桥墩潜在的塑性铰位置一般需要位于桥墩的底部区域。

（2）双柱式桥墩

地震沿横桥向和顺桥向作用时，就双柱式桥墩潜在的塑性铰位置而言，对于横桥向塑性铰位于桥墩的端部区域和底部区域，对于顺桥向塑性铰位于桥墩的底部区域。

3. 延性构件二次设计

抗震概念设计之后紧接着便是针对结构在多遇地震作用下的结构初步设计。为实现桥梁抗震设防目标，确保大跨度桥梁在 E1 地震等级下能够维持在弹性反应的安全阈值内，抗震设计的初期核心任务是结构抗震强度验算。具体来说，这一阶段的工作涉及对延性构件在 E2 地震作用（工程场地重现期较长的地震作用，对应于第二级设防水准）下的抗弯强度以及抗剪强度进行细致的验算。这一验算过程旨在确保延性构件在遭遇 E2 地震时能以预期的延性形式反应，并且保持设计预期的位移延性水平。

（1）E2地震作用下的抗弯强度验算

在E2地震作用下，桥梁结构将经历弹塑性变形循环。对于规则桥梁的设计，通常会采用简化的延性抗震设计理论，这一方法能够推动结构地震反应分析过程进一步简化，提高设计效率。然而，对于结构更为复杂、不规则的桥梁，为了确保其在地震中的安全性和稳定性，通常会采用结构非线性动力时程分析程序，来精确计算结构在强震作用下的弹塑性地震反应。在规则的桥梁设计中，会特别关注钢筋混凝土桥墩，并通常选择这些桥墩作为结构预期的塑性铰位置。在地震发生时，这些桥墩会作为延性桥梁结构中的延性构件。E2地震作用下延性桥墩抗弯强度验算的步骤如下。

第一，对于延性桥墩在E2地震作用下的设计水平地震作用计算，首先需要确定规则桥梁结构质量中心处的设计水平地震作用。随后，根据每个桥墩的抗推刚度，将计算得出的水平地震作用合理分配至各个桥墩，从而得到每个桥墩在E2地震作用下的设计水平地震作用。

第二，一旦明确了各桥墩所受的水平地震作用，接下来的关键便是合理地将地震作用效应与其他荷载效应进行恰当组合，以此为基础，进一步精确计算出延性桥墩临界截面的设计弯矩。

第三，依据已计算出的设计弯矩，采用承载能力极限状态法对延性桥墩的临界截面抗弯强度进行严格的验算。若验算结果显示抗弯强度符合设计要求，则此阶段工作圆满完成；反之，若不满足要求，则需根据设计弯矩的指引，对延性桥墩截面进行针对性的抗弯强度优化设计，直至其满足既定的强度标准。

（2）E2地震作用下的抗剪强度验算

完成延性桥墩截面的抗弯强度验算后，就能确定塑性铰区截面的纵向钢筋配置。随后，为了保障延性桥墩在E2地震作用下的安全性能，抗剪强度验算成为关键环节。此验算旨在确保桥墩不会发生脆性剪切破坏，而是能够按照预期的弯曲延性模式进行反应。根据能力设计原则，为了清晰区分延性构件在遭遇非延性（剪切变形）与延性（弯曲变形）行为时的不同反应，需要在两者间设立显著的强度安全等级差异。具体而言，在设计延性构件时，对于其抗剪与抗弯强度，需采用适用于实际情况的、有差异的强度安全系数进行充分考量，以确保构件在地震作用下能够展现出预期的延性行为特性。

在E2地震作用场景下，对延性桥墩进行抗剪强度验算的具体流程如下。

第一，计算塑性铰区截面的实际弯矩 M_c。这一过程依赖于桥墩塑性铰区截面已配置的钢筋数量，结合材料强度的标准值以及可能遇到的最不利轴力条件。依据混凝土大偏心受压构件正截面承载力的经典计算公式，来推导并确定这一实际弯矩 M_c 的值。特别值得注意的是，在进行计算时，必须采用能够准确反映约束混凝土特性的应力–应变关系。

第二，计算桥墩塑性铰区截面的超强弯矩 M_0。墩柱在实际应用中所承受的抗弯承载能力超出了其设计承载能力时，可称之为墩柱抗弯超强现象。这种现象通常源于几个主要因素：首先是设计强度与材料实际强度二者之间存在的偏差；其次可能是混凝土强度取值过于保守；最后是钢筋材料在屈服后可能出现的强化应力，这种强化应力有可能显著超过其屈服强度。若墩柱塑性铰的抗弯承载能力出现显著超强，而同时墩柱的抗剪强度或保护构件的强度超强未能达到预期的能力保护水平，那么在采用能力设计方法的基础上进行抗震设计的有效性将会受到严重影响。

为了确保预期形成弯曲塑性铰的构件在极端载荷作用下不会遭遇预期的脆性破坏形式（包括剪切破坏、黏结破坏等），并确保脆性构件与能力保护构件维持在弹性反应状态内，在界定此类构件的剪力设计值以及弯矩时，引入了墩柱抗弯超强系数 φ^0 这一核心参数。这个系数用于充分考虑并量化超强现象的影响，以确保结构在设计中既安全又可靠。

桥墩塑性铰区截面的超强弯矩 M_0 可按下式计算。

$$M_0 = \varphi^0 M_c \tag{3-1}$$

式中，φ^0——墩柱抗弯超强系数。

同济大学的相关研究揭示了桥墩抗弯超强系数 φ^0 与轴压比之间的关联规律：在轴压比超过 0.2 的情境下，φ^0 值会随轴压比的上升而增大；反之，若轴压比低于 0.2，则 φ^0 值通常稳定在一个特定范围内，即 1.1~1.3，其中《公路桥梁抗震设计细则》推荐采用 1.2 作为标准值。

第三，基于塑性铰区截面的超强弯矩 M_0，可以进一步确定桥墩的设计剪力 V_{c0}。

①延性墩柱沿顺桥向剪力设计值。墩柱的底部区域为潜在塑性铰区域，表示如下。

$$V_{c0} = \varphi^0 \frac{M_{zc}^x}{H_n} \tag{3-2}$$

墩柱的顶、底部区域均为潜在塑性铰区域,表示如下。

$$V_{c0} = \varphi^0 \frac{M_{zc}^x + M_{zc}^s}{H_n} \tag{3-3}$$

②延性墩柱沿横桥向剪力设计值。墩柱的底部区域为潜在塑性铰区域,表示如下。

$$V_{c0} = \varphi^0 \frac{M_{hc}^x}{H_n} \tag{3-4}$$

墩柱的顶、底部区域均为潜在塑性铰区域,表示如下。

$$V_{c0} = \varphi^0 \frac{M_{hc}^x + M_{hc}^s}{H_n} \tag{3-5}$$

式中,H_n——在大多数情况下取为墩柱的净长度,但在进行单柱墩横桥向计算时应取梁体截面形心到墩柱底截面的垂直距离,单位:m;

M_{zc}^s,M_{zc}^x——墩柱上、下端截面,在考虑实际配置的钢筋、材料强度标准值和最不利轴力条件下,计算的沿顺桥向正截面抗弯承载力所对应的弯矩值,单位:kN·m;

M_{hc}^s,M_{hc}^x——墩柱上、下端截面,在考虑上述相同的条件下计算的沿横桥向正截面抗弯承载力所对应的弯矩值,单位:kN·m;

φ^0——桥墩正截面抗弯承载能力超强系数。

第四,墩柱抗剪承载力验算。

地震灾害中,钢筋混凝土墩柱频繁出现的剪切破坏现象深刻揭示了一个关键事实:在墩柱的塑性铰区域内,随着弯曲延性的不断增大,原本由混凝土提供的抗剪强度会出现显著的降低。目前,应用比较多的是美国加州公路交通局 2000 年版设计准则推荐的抗剪计算公式。

①墩柱名义抗剪能力。墩柱的名义抗剪能力 V_n 可以认为由混凝土提供的抗剪能力 V_c 和横向钢筋提供的抗剪能力 V_s 组成,表示如下。

$$V_n = V_c + V_s \tag{3-6}$$

②混凝土承担的剪力。在计算墩柱抗剪能力时,应考虑到弯曲和轴向荷载的影响,可按下式计算。

$$V_c = v_s + A_c \tag{3-7}$$

式中，A_c——有效剪切面积；
v_c——名义剪应力。

塑性铰区域以内 $v_c = 2c_1c_2\sqrt{f'_c} \leqslant 0.33\sqrt{f'_c}$ （3-8）

塑性铰区域以外 $v_c = 0.5c_2\sqrt{f'_c} \leqslant 0.33\sqrt{f'_c}$ （3-9）

式中，f'_c——混凝土圆柱体抗压强度；
c_1、c_2——系数。

$$0.025 \leqslant c_1 = \frac{\rho_s f_{yv}}{12.5} + 0.305 - 0.083\mu_d \leqslant 0.25 \tag{3-10}$$

$$c_2 = 1 + \frac{P_c}{13.8A_g} \leqslant 1.5 \tag{3-11}$$

式中，ρ_s——箍筋或螺旋钢筋的配箍率；
f_{yv}——箍筋的屈服应力；
P_c——墩柱受到的轴压力；
μ_d——墩柱的位移延性，取沿顺桥向和横桥向位移延性的较大值。

③箍筋的抗剪承载力。墩柱采用螺旋箍筋时所提供抗剪承载力如下。

$$V_s = \frac{\pi}{2} \cdot \frac{A_v f_{yv} d}{s} \tag{3-12}$$

墩柱采用矩形箍筋时所提供抗剪承载力如下。

$$V_s = \frac{A_v f_{yv} D}{s} \tag{3-13}$$

式中，A_v——同一截面上箍筋的总面积，cm^2；
f_{yv}——箍筋的抗拉强度设计值，MPa；
s——箍筋间距，cm；
d——螺旋钢筋或圆形箍筋的直径，cm；
D——沿计算方向墩柱的宽度，cm。

④墩柱抗剪承载力验算。根据能力设计方法，要避免发生剪切脆性破坏，应验算墩柱的斜截面抗剪承载能力如下。

$$V_{c0} \leq \phi V_n \quad (3\text{-}14)$$

式中，ϕ——抗剪承载力折减系数，一般取 0.85；

V_{c0}——按式（3-2）~式（3-5）计算得到的墩柱剪力设计值。

在进行抗剪分析时，箍筋提供的抗剪承载力还应满足以下条件。

$$V_s \leq 0.67 \times \sqrt{f'_c} A_c \quad (3\text{-}15)$$

（二）延性抗震设计的基本过程

大跨度桥梁延性抗震设计的核心理念是通过精心策划与设计，在结构系统内构建一种强度层次分明的布局，即确保延性构件和能力保护构件之间在强度上建立起科学的层次差异。这种设计策略旨在从根本上防止结构构件遭受脆性破坏模式，提升整体结构的抗震韧性。

遵循能力保护设计原则，大跨度桥梁的延性抗震设计过程可进一步细化为以下几个关键步骤。

第一，在概念设计的初始阶段，应当审慎选择并优化结构布局，确保所构建的结构体系既合理又稳定，为后续的抗震设计奠定坚实基础。

第二，基于地震作用特性和结构本身的物理属性，需要清晰地预测出弯曲塑性铰可能产生的位置。这一步骤至关重要，因为它直接关系到结构在发生地震时能否形成高效的塑性耗能机制，从而有效减轻地震对结构的破坏作用。

第三，对于潜在塑性铰区域，需要进行深入细致的分析工作。依托于对截面弯矩－曲率的复杂关系进行合理的计算和估算，来完成针对结构位移延性的精确评估，同时还需要对塑性铰区界面的预期抗弯强度进行有效预测。

第四，精心挑选的塑性耗能构件，实施细致的抗弯设计策略，以确保其在地震中能够有效吸收并耗散能量。

第五，为了充分应对地震的不确定性，在预测的最大延性范围内，对塑性铰区截面可能遭遇的最大变形进行精确估算，并据此确定其对应的抗弯强度，以确保结构在极端条件下的安全性。

第六，依据塑性铰区截面的弯曲超强强度，针对塑性耗能构件进行强化的抗剪设计。与此同时，也对能力保护构件进行更为严格的强度设计，以确保其在地震作用下能够保持稳定，有效保护整体结构的安全。

第七，聚焦于塑性铰区域的精细化构造设计，旨在通过一系列有效措施来推动潜在塑性铰区截面的延性能力实现显著提升，从而保证结构在遭受地震等极端荷载时仍能保持稳定和安全。

三、桥梁减隔震设计

减隔震技术是一种简便、经济、先进的大跨度桥梁工程抗震手段。减震技术的核心在于利用专门设计的减震构件或装置，在强震作用时这些构件能够优先进入塑性变形阶段，从而产生较大的阻尼效应，显著消耗传递到结构体系中的能量。作为工程结构减震控制的重要分支，隔震技术以其无须外部能源供应、安全经济的特点，受到了工程和学术界的广泛青睐。这种技术不仅在国内外建筑领域得到了广泛应用，而且在桥梁等工程结构的抗震设计中也发挥了重要作用。基于此，桥梁减隔震设计也成为一种主要的大跨度桥梁抗震设计方法。

（一）桥梁减隔震设计原理及适用条件

1. 减隔震设计原理

桥梁减隔震的原理（图 3-1）是改变结构体系的自振频率，避免结构的基频或对结构地震响应具有显著贡献的自振频率处在场地地震动能量较为集中的频率段，从而减小结构地震响应（"隔震"）。隔震后的结构较柔，在正常使用条件下可能发生有害振动。为了控制过大变形，在结构中引入阻尼装置，以增加结构的阻尼，增加能量耗散，进一步减小结构的地震力位移响应（"减震"）同时，保证结构在正常使用状况下具有足够的刚度。

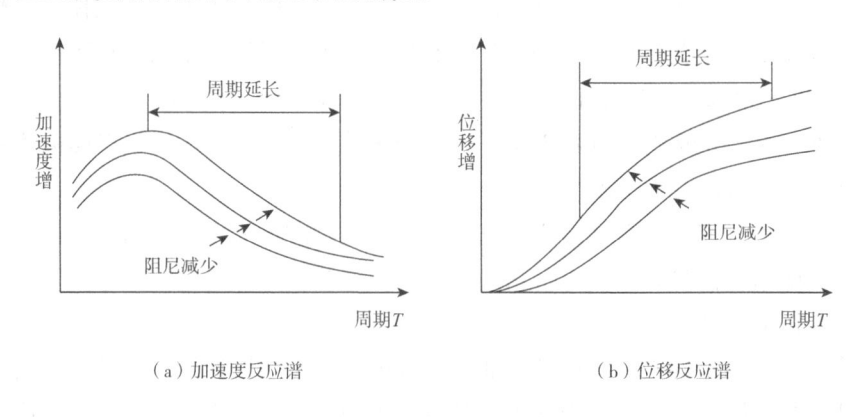

（a）加速度反应谱　　　　　　（b）位移反应谱

图 3-1　减隔震原理

桥梁减隔震设计旨在通过集成减隔震装置，调整结构在地震中的动力响应特性。这种设计的核心目标是显著延长结构的自振周期，促使地震能量得以有效耗散，大幅降低结构对地震的响应。在桥梁设计中，大部分的耗能机制和塑性变形被精心安排在减隔震装置上，以确保在遭遇罕遇地震时，这些装置能够发生显著的塑性变形，并允许存在一定程度的残余位移。与此同时，桥梁的其他主要构件在地震作用下的响应则基本表现为弹性或有限度的塑性，从而确保整个结构的稳定性和安全性。减隔震设计、延性抗震设计的基本机制比较如表 3-5 所示。

表 3-5　不同结构抗震技术的基本机制比较

基本原理	传统抗震设计	减隔震设计
降低刚度、延长周期	塑性铰实现刚度降低	隔震装置实现延长周期
增加阻尼	塑性铰的非弹性变形增加阻尼	阻尼装置实现增加阻尼

相对于传统的桥梁延性抗震设计而言，大跨度桥梁减隔震设计在安全性、适应性和经济性方面具有较大优势，具体如下。

第一，安全性。地震预测是世界性难题，地震基本烈度不确定。对于突发强震，传统延性抗震设计难以控制结构损伤程度，且难以保证不倒塌。相对而言，利用减隔震设计方法建设的大跨度桥梁韧性更佳，应对地震不确定性的能力更强。

第二，适应（保护范围）性。传统延性抗震设计只要求在抗震设防烈度内保护结构，不要求保护非结构构件，如重要设备、过桥管线等。利用减隔震设计方法建设的大跨度桥梁大幅降低输入上部结构的地震能量，塑性变形集中于减隔震装置，可更好地实现对主体结构、非结构构件等的保护。

第三，经济性。利用减隔震设计方法建设的大跨度桥梁修复费用低。由于减隔震技术控制桥梁主要构件处于基本弹性范围内，因此，相对允许墩柱等进入塑性的延性设计，修复更快、更简易，修复费用更低。震害调查表明，受损严重的桥梁，不仅不具备使用功能，而且在后期重建过程中，成为站立不倒的废物，需要耗费巨大的社会资源对其进行拆除。同非隔震桥梁相比，在经历较大地震后，减隔震装置的更换比较容易，维修时间较短，维修费往往更低。

2. 减隔震设计适用条件

研究已揭示，在场地条件保持相对稳定的前提下，减隔震技术显现出了其不可忽视的潜在应用价值。特别值得关注的是，在大跨度桥梁建设基本周期相对较短的情况下，借助于减隔震支座的引入，可以显著提升桥梁的抗震性能。此外，当桥墩之间存在显著的高度差异时，选择将减隔震支座安装在相对较矮的桥墩上，同样能有效实现减震与隔震的目的。综合国内外的研究成果，可以得出这样的结论：只要符合以下任一条件，便值得在大跨度桥梁设计中尝试采用减隔震技术。

第一，地震波的角度。地震波的能量集中于高频段。

第二，结构的角度。桥梁若包含刚性墩，其基础振动周期会相对较短，如当周期值恰好位于规范设计谱的平台段范围内；此外，如果桥梁设计存在显著的高度不规则性，如相邻桥墩之间存在显著的高度差异，这可能会导致对特定桥墩的延性要求非常高；再者，对于多跨连续体系的桥梁，也需特别考虑其结构特性。

第三，场地的角度。当给定场地具有明确的预期地面运动特性，尤其是当该场地具有较高的卓越频率且长周期范围内所含能量较低时，这些因素也应在桥梁设计中予以充分考虑。

在进行大跨度桥梁抗震设计时，自振周期较长的桥梁，应充分讨论下部结构的地震位移增长、结构长周期化及高阻尼化达到的减震效果。另外，应检验地震作用下，是否会引起地基和隔震后桥梁的共振。故应判定地震时的地基自振周期和桥梁的自振周期是否接近。如果接近，就可能发生地基和隔震后桥梁的共振，应极力避免。不同场地条件下，减隔震设计的有效性存在较大的差异。软弱场地条件下，延长结构周期的有效性显著低于坚硬场地。有些情况下，在软弱场地，结构周期延长甚至可能引起地基与桥梁共振导致不利的地震响应。因此，减隔震技术并不是在任何情况下均适用。在进行大跨度桥梁抗震设计之前首先要判别其是否适合采用减隔震技术。存在以下情况之一时，不宜采用减隔震设计。

第一，基础土层不稳定、可能发生液化的场地，地震作用下，场地可能失效。此时，可能不能达到设计中预定的抗震效果，不可采用隔震桥梁。

第二，下部结构刚度小、桥梁结构本身的基本振动周期比较长，且场地特征周期比较长，延长周期也不能避开地震波能量集中频段或延长桥梁结构周期后容易发生共振等情况。高桥墩等柔度较大、自振周期较长的桥梁，下部结构的地震位移大，隔震的长周期化对减小地震惯性力效果有限，不宜采用隔震技术。

第三，支座中可能出现较大负反力。隔震支座在受拉状态下，受到水平方向的地震力时，其支座抗断裂能力和能量吸收性能等动力特性不稳定。因此，不应采用隔震桥梁设计。

（二）桥梁减隔震计算

1. 总体原则

对于采用减隔震设计的大跨度桥梁，即使在 E2 地震作用下，其主要的耗能机制集中在桥梁上、下部连接构件（支座、耗能装置）上，而桥梁的上部结构、桥墩和基础则能够基本保持完好，维持在弹性状态，避免了显著的损伤。基于这一特性，相关规范明确指出，对于这类采用减隔震设计的桥梁，可以仅针对 E2 地震作用进行相应的抗震设计和验算。

然而，为了确保设计的全面性和可靠性，建议同时对相应的非减隔震桥梁进行抗震分析，以此检验减隔震设计的适用性及其实际的减隔震效果。需要注意的是，对于摩擦类减隔震支座或组合型减隔震支座，有时可进行 E1 地震动控制设计，因此，需要分别计算 E1、E2 地震动作用效应。同时，应检验设计地震和罕遇地震作用下，大跨度桥梁各构件及防落梁系统的工作机制是否符合预期。

大跨度桥梁减隔震设计的总体建模应符合以下原则。①合理模拟减隔震装置的恢复力模型。②计算减隔震桥梁地震作用效应时，宜取全桥模型进行分析，并考虑伸缩装置、桩土相互作用等因素。应检查限位装置、防落梁构造、高差限制构造等抗震构造措施的设计是否与计算假定相一致，不相符时应调整计算模型或抗震构造措施。③一般情况下，减隔震桥梁抗震分析宜采用非线性动力时程分析方法。

应对减隔震装置在正常使用条件下的性能进行验算。E2 地震作用下，减隔震装置进入弹塑性工作状态，大跨度桥梁结构其他部件基本在弹性范围内，相关构件验算内容及方法见现行规范。其中，减隔震装置验算内容如下。①橡胶类减隔震装置。在 E1 地震作用下产生的剪切应变应小于 100%，在 E2 地震作用下产生的剪切应变应小于 250%，并验算其稳定性。②非橡胶类减隔震装置。应根据具体的产品指标进行验算。

2. 考虑地震影响

大跨度桥梁抗震设计中，必须考虑以下地震影响：构造物的重量而导致的惯性力（以下称"惯性力"）、地震时的土压力、地震时的动力水压、地基的液状化和流动化、地震时的地基位移。另外，在进行大跨度桥梁抗震设计时，必须根据各种设计条件，从中选择必须考虑的地震影响。在进行支座等墩梁连接构件抗震验算时，还应计入 50% 的均匀温度作用效应。构造物的重量中必须同时考虑附属结构等的重量。同时，和构造物一起振动，并对构造物产生很大影响的土体部分的影响应作为惯性力考虑。

为了防止落梁，应考虑地震时的地基位移，设计梁端搭接长度时应计入该项地基位移。伴随着地表地震断层的出现而产生的断层位移是地基位移的因素之一。关于地表地震断层的出现，还没有确立其位置和位移量的预测方法。由于地震发生概率很小，持续时间也很短，汽车荷载是因为时间、空间的变动而变动的，汽车满载和地震同时发生的概率极小。与此同时，即使假设地震时车辆在桥面上，车辆也有抑制桥梁振动的效果。动力时程分析表明，车辆对桥梁的地震反应带来的影响并不显著，在进行减隔震设计时可不考虑汽车荷载。

3. 减隔震设计流程

大跨度桥梁减隔震设计的基本内容包括以下几方面。

①工程概况。工程总体情况、地质、道路等级、桥梁、基础等信息，桥梁抗震类别等。

②设计依据。设计规范、勘察报告。

③抗震设防相关内容。抗震设防水准、抗震性能目标、水平向地震动参数、竖向地震等。

④计算模型及动力特性。减隔震装置类型选取和模拟。

⑤ E2 设防水准下的反应谱分析或时程分析。桥墩、桩基、系梁和盖梁内力，减隔震装置位移和力等。

⑥ E2 设防水准下的强度和变形验算。桥墩强度验算、桩基强度验算、系梁强度验算、减隔震装置位移和力验算等。

⑦延性构造细节和抗震构造措施。延性构造细节设计，限位装置、防落梁构造、防高差装置、梁端搭接长度等防落梁系统的设计。

⑧结论。给出减隔震装置类型和型号等信息。有关减隔震设计验算方法、验算标准可参照现行桥梁抗震设计规范。

基于大跨度桥梁减隔震设计的基本内容，抗震设计流程图（图 3-2）。

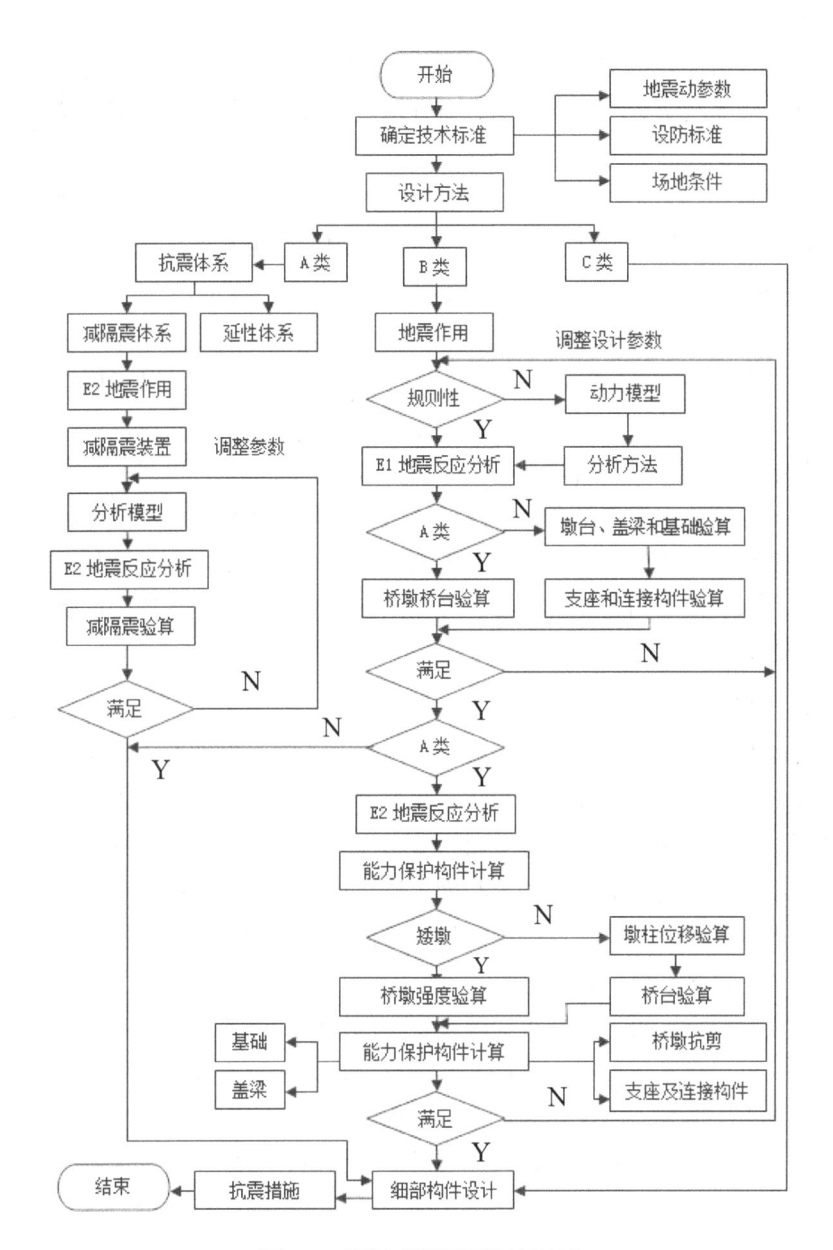

图 3-2　桥梁减隔震设计流程图

（三）常用的减隔震装置

减隔震装置应传力明确，同时，为了有效实现大跨度桥梁减隔震设计的抗震设防目标，减隔震装置通常应具有下述三种基本特性。

第一，具有一定的柔度（柔性支承），能够提供较小的水平刚度，以便能够有效地延长减隔震结构的基本周期，避开地震动所蕴含的卓越周期，从而获得有效的减隔震效果。

第二，具有一定的耗能能力（阻尼、耗能装置），从而降低实际地震中产生的过大水平变形，控制位移在设计允许的范围内。避免在地震作用下，由于变形过大而带来减隔震装置和连接构件的不稳定。

第三，具有显著的竖向刚度，能够稳定地承受结构的竖向作用（包括永久作用和时变作用），同时还具备一定的水平初始刚度和屈服力，以确保在正常使用状态下（如汽车行驶、人群活动、风力作用、制动力施加以及温度变化等）不会产生危及结构安全或影响结构正常使用的变形或振动。

桥梁减隔震技术发展至今，板式橡胶支座等仍然是目前广泛应用的桥梁隔震支座，但是对于斜拉桥、悬索桥等跨度大、刚度小的桥型而言，这种常规隔震支座的效果有限，而采用黏滞阻尼器、摩擦摆支座等消能减震装置则能够获得十分显著的减震效果。

1. 板式橡胶支座

板式橡胶支座是由薄橡胶层和薄钢板层交互叠合，经高温、加压并硫化制作而成，并且添加填充剂、补强剂和防老化剂等。支座上、下有翼缘板，平面形状多为圆形或矩形。由于这款支座主要是采用天然橡胶，本身无明显的阻尼性能，阻尼比很小，所以它有助于推动大跨度桥梁结构的柔性显著提升，有效降低桥梁结构在地震中的响应，但在控制桥面位移方面表现有限，因此，通常建议与阻尼机构配合使用以达到最佳效果。

通过实验研究，可以发现板式橡胶支座的滞回曲线呈现出狭长的形状，基于这一特性，可以将其近似视为线性关系进行处理。在抗震设计的关键考量中，橡胶支座的水平（剪切）刚度尤为重要，它反映了当上、下板面产生单位位移时所需施加的水平剪力。因此，在进行地震反应分析时，可以将板式橡胶支座的恢复力模型简化为直线，以便于精确分析和预测桥梁结构的抗震性能。

2. 黏滞阻尼器

黏滞阻尼器滞回曲线饱满，以其内部的黏滞材料进行剪切耗能，可以有效地吸收地震作用于大跨度桥梁上的能量，使得桥梁受力更为安全。此外，黏滞阻尼器是一种速度相关型的被动减震装置，不会影响结构的温度变形和收缩徐变变形，也基本不会引起附加内力。

典型的黏滞阻尼器由油缸、活塞、黏滞流体（桥梁工程中多选用硅油）构成，其构造图如图 3-3 所示。借助活塞与油缸的相对运动，黏滞阻尼器内部的硅油从阻尼器的一侧经过活塞片与套筒间的缝隙流向另一侧，整个运动中，活塞两端会产生压力差，即为黏滞阻尼器的阻尼力。黏滞阻尼器内部的动能正是通过阻尼力被消耗转化为了热能，从而消耗了地震的输入能量，达到消能减震的目的。黏滞阻尼器理论滞回曲线（图 3-4）。

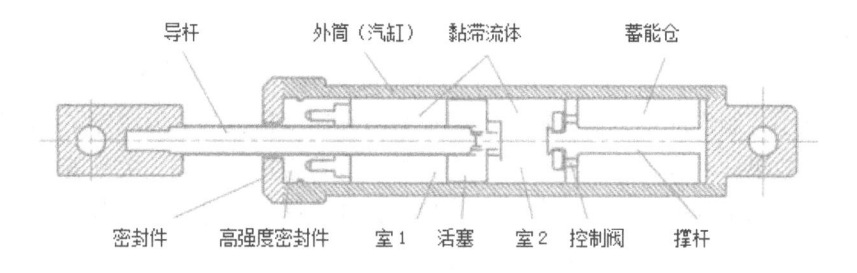

图 3-3　黏滞阻尼器构造

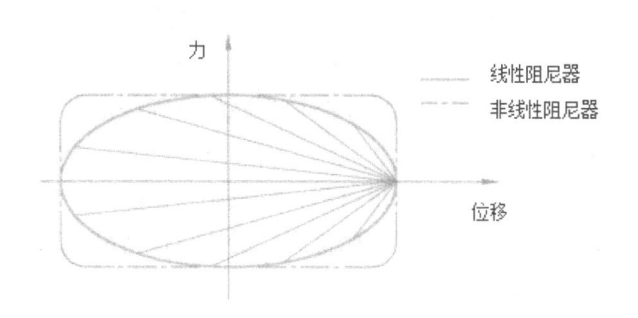

图 3-4　黏滞阻尼器理论滞回曲线

1992 年，一些国外学者从黏滞阻尼器的耗能机理、流体材料、热力学特性等方面对黏滞阻尼器进行了研究，结果表明，若黏滞流体为纯黏性的情况下，黏滞阻尼器的阻尼力主要与阻尼系数和速度指数有关。模拟液体黏滞阻尼器时，一般采用一般连接中黏弹性消能器中的麦克斯韦（Maxwell）模型，该模型由阻尼器和线性弹簧串联而成，其力与变形的关系式如下。

$$F = C \cdot \text{sign}(d_\text{d}) \left| \frac{d_\text{d}}{v_0} \right|^\alpha = k_\text{b} d_\text{b} \qquad (3\text{-}16)$$

式中，d_d 和 d_b——阻尼器和线性弹簧的变形量；

v_0——参考速度，一般取为1；

sign（·）——符号函数；

k_b——线性弹簧刚度。

实际模拟时，通过输入不同的阻尼系数和速度指数对黏滞阻尼器进行模拟，而线性弹簧刚度则可以输入一个大值从而忽略弹簧的影响。

对大跨度桥梁亦是如此，阻尼系数和速度指数影响着黏滞阻尼器的阻尼力，阻尼力越小，制作成本越低。此外，阻尼系数和速度指数的取值决定了黏滞阻尼器的减震效果，对大跨度桥梁位移、内力响应有着直接的影响，关乎着大跨度桥梁在地震作用下的安全性。因此，对阻尼系数和速度指数进行参数分析，研究何种取值最适合于工程实际有着重大意义。

3. 摩擦摆支座

摩擦摆支座，作为一种广泛应用的隔震装置，由美国 EPS 公司在 1985 年成功研发。这种支座主要由上、下支座板和铰接滑块组成。铰接滑块的设计特别之处在于，它与下支座板的滑动球面曲率半径相匹配，确保在滑块滑动时，两者能够完美贴合。

在滑动面上，特别涂覆了低摩擦材料，以减小摩擦阻力。当地震产生的水平力作用于支座时，若该力小于最大静摩擦力，滑块将保持静止状态，确保结构的稳定。然而，若水平力超过了最大静摩擦力，滑块便会在球面上开始滑动。这种滑动不仅使上部结构轻微上升，还使其进行类似于单摆的运动。在上部结构竖向荷载的作用下，滑块可以自行复位，正是通过这种往复的运动，摩擦摆支座实现了地震作用下的摩擦耗能。

第三节　大跨度桥梁抗震设计内容

大跨度桥梁抗震设计内容广泛而复杂，往往涵盖了多种桥梁类型，如大跨度拱桥、斜拉桥以及悬索桥等，而这三种常见桥梁类型的抗震设计共同构成了其抗震设计的主要内容。

一、大跨度拱桥的抗震设计

由于大跨度拱桥的结构形式多样，不同的结构体系（构造位置）有不同的性能要求。依据工程各部分的重要性以及震后修复（抢修）的难易程度，参考国内外已有大跨度桥梁设防标准及设防目标，同时借鉴相关研究成果，从满足桥梁的行走功能要求出发，在大跨度拱桥设计中采用两水准设防、两阶段设计：设计地震，即 50 年内超越概率 10%，重现期 475 年；罕遇地震，即 50 年内超越概率 2%，重现期 2475 年的地震作用。

根据桥梁构件对桥梁整体安全性和修复难易性，将桥梁构件分为重要构件、次重要构件和连接构件，并赋予其不同的抗震设防目标，在保障地震作用主体结构安全的前提下，又兼顾了工程的经济性。拱圈（肋）、梁部、拱座、基础为拱桥的主要受力构件，一旦破坏可能造成全桥的坍塌，因此作为重要构件。交界墩、拱上立柱、拱肋横撑、吊杆虽然为受力构件，但其局部或单个构件损伤尚不致引起全桥的坍塌，因此作为次重要构件。支座、阻尼及限位装置在地震作用下的破坏对结构安全影响较小，作为连接构件。第一阶段采用弹性抗震设计，在设计地震作用下，重要构件、次重要构件和连接构件均基本无损伤，结构在弹性范围工作，正常的车辆通行在地震后立刻得以恢复。第二阶段采用有限损伤设计，在罕遇地震作用下，重要构件可以发生轻微损伤，处于基本弹性状态，混凝土允许出现开裂、截面部分钢筋进入屈服等轻微损伤；次要构件及连接构件可以发生可修复性损伤，处于弹塑性状态；桥梁经抢修后可以供救援列车通行，经修复可以继续使用。

（一）地震反应因素

大跨度拱桥因其结构形式的多样性和构造的复杂性，其地震反应也呈现出相应的复杂性。经过深入研究，可以发现大跨度拱桥的地震反应复杂性主要体现在以下方面。

1. 多点激励的影响

在大跨度拱桥的地震反应分析中，多点激励效应是一个关键考量因素。这种多点激励不仅会导致拱脚之间产生相对位移，进而引发拟静力作用，还会激发对称振型，显著增大地震对桥梁的反应。特别是，多点非一致激励对拱式结构的地震反应影响相较于一般梁桥更为显著。

为了准确计算大跨度拱桥的地震反应，必须充分考虑到地震波传播速度的有限性、相干性的损失，以及不同局部场地地质条件对地震波传播的影响。基于这些考量，建立合理的空间变化地震动模拟方法显得尤为重要。这一模拟方法将成为准确预测和评估大跨度拱桥在地震作用下的响应和性能的关键前提。

国内外研究表明，非一致地震动效应包括行波效应、部分相干效应以及局部场地效应，对大跨度拱桥的抗震分析影响较大，而且也非常复杂。因此，对于大跨度拱桥有必要考虑地震动的行波效应。

同济大学、西南交通大学等研究表明，在地震波速不大时，跨度 300 m 左右的拱桥非一致地震动效应也较为明显，尤其是拱顶内力有明显增加。因此，拱桥跨度大于等于 300 m 时，需考虑非一致地震动效应。

2. 近断层地震和近活动断层效应影响

近断层和近活动断层的地震具有由破裂方向性效应和滑冲效应导致的大速度脉冲、上盘效应等特征，由于这些特征，近断层地震动强度大、高能量低频成分多、竖向加速度大，顺断层方向和垂直断层方向的地震强度、频谱成分等地震动参数也明显不同，忽略这些影响将低估桥梁的地震响应，使设计偏于不安全。所有进行近活动断层桥梁地震效应计算，应考虑上盘效应、破裂的方向性效应等近活动断层效应，还应考虑顺断层方向和垂直断层方向的地震动分量。

3. 减隔震设计时的非线性因素

在开始分析大跨度拱桥抗震效应时，隔震装置的设计位移是未知的，因而其等效刚度、等效阻尼比也是未知的，所以弹性反应谱分析过程是一迭代过程。由于大多数减隔震装置在地震作用下产生减隔震性能时表现为非线性特性，隔震装置、挡块及防落梁等非线性特性相互影响，为合理地考虑这些因素的影响，需采用非线性时程分析方法。

（二）抗震概念设计

大跨度拱桥抗震概念设计的主要方法包括以下几方面。

1. 避免基础变位引起静力破坏

桥梁结构在地震中可能遭受的破坏，主要可归结为静力破坏与动力破坏两大类。对于大跨度拱桥而言，其结构特点尤为显著，具体表现为高次超静定的特点，这意味着主拱结构对拱脚基础的哪怕是最微小的位置变动也展现出极高的敏感性。鉴于此，在桥梁的选址与基础设计阶段，必须秉持极高的审慎态度，确保桥梁结构具备足够的抗震能力，以避免因基础位置变动所触发的静力破坏。

在为大跨度拱桥选择建设场地时，应尤为重视基础变位问题，深入考虑地震可能引发的次生地质灾害及其潜在影响。在必要时，需针对性地采取一系列预防措施，以全方位提升桥梁在地震中的整体稳定性和安全性。

2.拱肋采用高强材料

拱肋作为结构中的核心受力构件，对于整体结构的安全性具有举足轻重的影响。一旦发生地震损伤或破坏，不仅会带来严重的结构安全隐患，更可能引发结构的倒塌，造成不可挽回的损失。因此，在大跨度拱桥抗震概念设计中，必须高度重视主要构件的抗震性能。通过提升拱肋等主要构件的材料强度，优化其结构设计，能够显著提高整个结构的抗震能力，确保其在地震等自然灾害面前的稳固性和安全性。

（三）抗震计算分析方法

反应谱理论是抗震设计理论的一次变革，但反应谱理论只适用于弹性范围，不能很好地体现结构的非线性，也不能反映地震持续时间的影响。反应谱的生成是基于单自由度体系在地震波激励下的反应，对于大跨度拱桥结构这种多自由度体系，可采用振型分解组合方法计算地震动反应。但当自振周期较长时，采用振型分解组合方法有一定的局限性，反应谱曲线中长周期部分的理论数据也需要更多的地震数据支撑。

反应谱理论中的随机地震反应分析方法，在解决振型组合问题上展现出显著优势，推动抗震设计从传统的确定性方法向基于概率理论的转变。然而，这种方法的应用依赖于对地震动输入概率分布或概率数字特征的精确选择，以及反应量概率分布特征的准确确定。这些都需要大量的地震动加速度过程观测记录作为数据支撑，同时还需要深厚的数学基础知识作为理论支撑。

就当前的大跨度拱桥设计而言，结构性能目标的定义仍存在一定程度的不足。目前，大多数性能目标的描述都是定性的，缺乏具体的量化指标。因此，需要在结构抗震的各个量化指标中寻找那些与结构抗震性能目标紧密相关的参数。对大跨度拱桥开展抗震计算分析大多时候是进行多种需求的个性化、差异化的地震作用下的仿真计算分析。根据目前的工程实践，在进行大跨度拱桥抗震分析和研究时，应注意如下几个方面。

第一，需对大跨度拱桥场地位置进行地震安全性评价，判断其场地的地震具体指标。大跨度拱桥结构的地震作用应根据地震安全性评价确定的设计加速度反应谱和设计地震动时程结果分析确定。一般情况下，距活动断层 15 km 范围内的拱桥应考虑近断层地震的影响。

第二，近场地震的竖向振动比较剧烈，地震竖向分量有时甚至大于水平分量，因此抗震分析时，需考虑竖向地震动分别与横桥向、纵桥向地震动组合。近断层桥梁水平地震动与竖向地震动组合系数取 1.0。而非近断层的桥梁，由于桥位远离震源，地震纵波和横波的传播速度不同，二者存在时差，水平地震动组合系数可取 1.0，竖向地震动组合系数可取 0.67。

第三，抗震分析时，地震作用与列车荷载的组合，需结合桥梁行车密度及地震作用与列车荷载的相遇综合考虑，此问题较为复杂。设计时，参照《铁路工程抗震设计规范（2009 年版）》（GB 50111—2006），当进行横向抗震分析时，地震作用与列车荷载的组合，单线或双线铁路采用一线活载作用，三线或四线铁路采用两线活载作用。设计地震作用时，顺桥向不计算列车引起的地震力，强震作用时不考虑与列车荷载组合。

第四，采用时程分析法时，抗震分析应考虑非一致的场地运动，非一致地震动输入时程应反映行波效应和局部场地等效应。非一致地震动输入的时程分析法需要使用与场地位移相应的时程波计算地震响应；采用 3 组时程波计算时，应取 3 组计算结果的最大值；采用 7 组及以上时程波计算时，可取 7 组结果的平均值。

二、斜拉桥抗震设计

斜拉桥是大跨度桥梁的最主要桥型，主要包括飘浮体系、半飘浮体系、塔梁墩固结体系、塔梁固结塔墩分离体系（梁下设支座）四大类。对于飘浮体系、半飘浮体系，主梁地震惯性力通过斜拉索传递至主塔，再由主塔传递给下部结构，结构基本振型一般是主梁纵飘，结构周期较长，地震位移较大。当塔梁之间设置水平向柔性约束时，部分主梁惯性力通过塔梁连接传递给下部结构，往往可以有效地控制地震位移，并降低塔底弯矩响应。

对于塔梁墩固结体系，结构刚度较大，下部结构受力较为不利，一般不宜用于高烈度区域。塔梁固结、塔墩分离体系常用于矮塔斜拉桥设计。相比一般意义上的斜拉桥，矮塔斜拉桥体系桥塔较矮，主梁较刚，主梁分担一定比例的恒载，斜拉索常被看成体外预应力，地震作用下结构响应类似于连续梁桥。讨论地震作用时，梁固结、塔墩分离的矮塔斜拉桥可认为是一种广义上的梁式体系。

斜拉桥的主要质量聚集在桥面系上，因此当地震发生时，地震产生的惯性力也主要作用于桥面系。这些地震惯性力通过斜拉索和支座的传递，最终作用于桥塔和边墩，再经由它们分散至基础，并最终由地基来承受。通过对多座斜拉桥的地震反应分析，可以发现斜拉桥的主梁和斜拉索在地震作用下的响应相对其结构强度来说并不显著。它们的设计更多是基于恒载、活载以及温度荷载等常规因素进行考虑的。然而，斜拉桥的抗震薄弱环节主要集中在支撑连接装置、边墩、桥塔及其基础上。这些部位在地震时更易于受到损害，因此它们是斜拉桥抗震设计的重点关注对象。

在斜拉桥的地震反应中，高阶振型的影响比较显著，因此延性设计比较困难。而且，桥面系内在的柔性也不允许利用塔柱的延性能力。因此，欧洲规范规定，"在设计地震下，斜拉桥最好保持弹性工作状态"。一方面，在斜拉桥的抗震设计中，重点应放在通过体系选择和减隔震措施的采用，力求减小地震反应，并根据各部分结构的能力合理分配地震力。另一方面，作为安全储备，结构的控制断面应位于具有潜在延性的部位，如塔底、墩底等处，而且这些部位要进行仔细的横向配筋设计。此外，在结构中要避免出现脆性的破坏，如剪切破坏等。在塔、墩的基础，一般不希望出现塑性转角，因为不便检查也不便修复。因此，应根据能力设计思想进行基础的设计，一般要求基础的强度比塔或墩的强度高 10%。

三、悬索桥抗震设计

悬索桥是最适合于大跨度的一种桥梁形式。根据主缆锚固方式的不同，悬索桥被明确划分为两大类：地锚式悬索桥和自锚式悬索桥。其中，地锚式悬索桥占据了悬索桥领域的绝大多数，特别是那些大跨度的悬索桥。在这类桥梁中，主缆所承受的拉力通过桥梁端部的重力式锚碇或隧道式锚碇有效地传递给地基。

自锚式悬索桥主缆拉力的水平分力以轴压力的方式直接传递给加劲梁。因而，自锚式悬索桥的跨度不宜过大。对于跨径 200 m 以下的自锚式悬索桥，混凝土主梁具有一定的竞争力。自锚式悬索桥一般必须先架设加劲梁，然后再架设主缆，限制了其在特大跨度桥梁上的应用。

自锚式悬索桥一般用于场地基础承载力较差的情况。地震中，自锚式悬索桥上部结构惯性力主要通过主缆及塔梁连接传递给下部结构,而地锚式悬索桥的部分上部结构惯性力将通过主缆传递给地锚。

(一)悬索桥抗震设计动力特性

悬索桥本身具有大跨度和轻柔性的结构特点,对其在结构动力特性分析方面提出了以下特殊要求。

1. 悬索桥具有超长周期

悬索桥具有远大于一般结构的超长周期,必须考虑和研究地震长周期分量的影响。一般工程结构的周期大多在5 s以内,如我国《建筑抗震设计规范(GB 50011—2010)》制定的加速度反应谱在6 s以内;现行《公路工程抗震规范》(JTG B 02—2013)仅给出了0~5 s周期的反应谱,而大跨悬索桥的基本周期一般都大于5 s。

例如,主跨为1280 m的美国金门大桥,其侧向基本周期为18 s;我国虎门大桥第一周期为10.44 s,前三个周期均大于5 s;香港青马大桥第一周期为16.11 s,前五个周期均大于5 s;主跨为1385 s的江阴长江大桥,其侧向基本周期达20 s。因此,在进行悬索桥抗震动力特性分析时,应着重研究反应谱5 s以上长周期段的影响。并需要使用低频性能好的强震记录监测仪器、低频限足够低的带通滤波器处理的地面加速度时程历史,以确保可靠的长周期分量。

此外,还应研究反应谱长周期段的衰减规律,应突破我国《公路工程抗震规范》中低频段有下限为13%最大谱值的限制,美国和日本规范均规定了长周期部分的衰减规律为$1/T^{3/4}$和$1/T$,美国在20世纪80年代鉴定金门大桥抗震能力时,使用反应谱在4~10 s周期段按$1/T^2$规律衰减。

2. 悬索桥具有密布的频谱

在广泛的频率区间内,动力荷载往往能够激起悬索桥的多阶振型,产生强烈的振动,尤其是在地震等极端情况下,这一特性尤为显著。这使得悬索桥与一般工程结构在动力响应上存在显著差异。

通常情况下,由于一般工程结构的频谱较为稀疏且基本周期相对较短,在利用模态分解法进行动力响应的计算时,仅选取前3~4阶振型便足以满足需求。然而,对于悬索桥而言,这种简化方式并不适用,因为需要纳入更多阶的振型才能全面准确地评估其动力响应特性。

（二）悬索桥抗震设计分析方法

悬索桥地震激励的模型及地震反应分析对我国建筑抗震规范提出了"小震不坏，中震可修，大震不倒"的抗震设防要求。在建筑物的抗震设计中，通常采用50年作为设计基准期。然而，对于悬索桥这类重要且复杂的结构，抗震设计的基准期应更为严格，设定为100年。在这个基准期内，通常会考虑100年超越概率63%、10%等不同的抗震设计目标，以确保悬索桥在地震等极端条件下的安全性。在悬索桥抗震设计中，可以采用多种方法来进行评估和分析。

在桥的设计阶段，反应谱法是一种常用的方法，它有助于准确评估大桥的抗震性能。然而，在初步或技术设计阶段，则需要进行更为深入和精确的分析。这时，可以以地震动参数为参考依据进行结构空间非线性地震时程反应分析，以更准确地模拟悬索桥在地震作用下的动力响应。通过这种方法，可以对悬索桥的强度和位移等关键参数进行检算。

此外，非线性时程分析法是一种更精细的动力分析方法，它充分考虑了多种复杂因素，如结构的非线性特性、结构与地基土的相互作用、地震波相位差、不同地震波多分量多点输入，以及分块阻尼等。这种方法使得桥梁抗震计算的分析结果与实际的震害现象更加贴近，从而提供更为准确和可靠的抗震设计依据。可以说，非线性时程分析法在悬索桥抗震设计中扮演着重要角色。

（三）悬索桥抗震设防标准确定

桥梁抗震设计所要达到的目标是减轻桥梁工程震害，减少地震造成的财产损失和人员伤亡。为了更好地达到这一目标，必然增大桥梁的建设成本，制定合理的桥梁抗震设防标准则是在经济与安全之间进行合理的平衡。基于这一合理安全度的设防原则，需要考虑如下三方面因素：桥梁作为生命线工程的重要程度；震后桥梁功能丧失可能引起的次生灾害损失；建设单位所能承担的桥梁抗震防灾的最大经济能力。

在进行大跨度悬索桥的抗震设防时，首要任务是确立一个既安全又经济合理的抗震设防标准。这一标准的制定需基于桥址区的地震环境、近场区的断裂情况，以及桥址区的地震地质条件，同时结合悬索桥的具体情况进行综合考虑。为确保工程的安全性和合规性，按照相关法律法规的规定，必须对工程场地进行地震安全性评价。

参考安评报告提供的地震动峰值加速度，大跨度悬索桥的具体抗震设防标准取用如下。

①在评估结构物的强度时,采用多遇地震(100年超越概率63%)的地震动参数。同时,考虑到结构物的重要性,设定水平地震动峰值加速度 a_{max}=0.084g,并基于此进行强度验算。

②为了验算上、下部结构连接构造的强度,使用设计地震(100年超越概率10%)的地震动参数。在此情况下,设定水平地震动峰值加速度 a_{max}=0.15g,并进行相应的强度验算。

③针对桥墩的延性,按照罕遇地震(100年超越概率3%)的地震动参数进行验算。在此情况下,设定水平地震动峰值加速度 a_{max}=0.24g,以确保桥墩在极端地震条件下仍能保持足够的延性和稳定性。

第四章 大跨度桥梁的抗风设计

随着桥梁建造技术的飞速发展和城市化进程的加速，大跨度桥梁已成为连接城市、跨越河流与峡谷的重要纽带。然而，随着桥梁跨度的不断增加，其抗风性能成为设计师们必须面对的重要挑战。大跨度桥梁的抗风设计不仅关乎结构的安全稳定，更直接关系到桥梁的使用寿命和交通的顺畅。因此，深入探讨大跨度桥梁的抗风设计原理、技术方法以及实践经验，对于提升桥梁工程的整体性能具有重要意义。本章主要围绕桥梁抗风的研究现状、风对桥梁的动力作用、桥梁抗风控制及设计以及大跨度桥梁施工抗风及精细化管理四个部分展开论述。

第一节 桥梁抗风的研究现状

桥梁抗风理论作为结构工程领域的一个重要分支，其复杂性与多样性源于风荷载的不可预测性和桥梁结构本身的复杂性。随着桥梁建设技术的飞速发展，特别是大跨度、轻柔型桥梁的涌现，抗风性能成为衡量桥梁设计成功与否的关键因素之一。在这一背景下，众多研究者投身于桥梁抗风理论的探索中，他们的研究成果如同璀璨星辰，共同照亮了桥梁工程安全前行的道路。每一位研究者在桥梁抗风领域的贡献都不可小觑，他们或从经典理论出发，深挖其内在机理；或勇于创新，提出新的分析方法和设计思路。这些研究成果不仅丰富了桥梁抗风理论的知识体系，更为实际工程应用提供了有力的理论支撑。接下来，将简要介绍几个具有代表性的桥梁抗风研究理论，这些理论虽各有侧重，但共同构成了桥梁抗风研究领域的基石。通过了解这些理论的基本思想和应用价值，可以更全面地把握桥梁抗风研究的现状。

一、三维颤振理论

颤振理论作为桥梁抗风研究的核心内容之一，自其诞生以来就备受关注。颤振是桥梁在风荷载作用下发生的一种自激振动，其发生机理复杂，对桥梁的安全构成严重威胁。随着桥梁设计向更大跨度迈进，其侧向变形已经成为设计中不可忽视的关键环节。

目前，在颤振分析领域中，已经逐渐将侧向位移相关的气动导数纳入考量，使其数量有所增加。与此同时，原先独立进行的颤振和抖振分析也开始趋向于统一的处理方式。在颤振的分析过程中，不仅要考虑自激力（包括气动阻尼以及气动刚度）的影响，同时也需要关注紊流风中脉动成分的效应。此外，各类耦合效应的重要性也不容忽视。这一系列的改进和整合，共同构成了基于有限元法的三维颤振理论的完整框架。

二、风振控制

结构风振控制的研究在20世纪80年代成为焦点。为了缓解桥梁在建造期间和运营阶段的风振及其他振动，一些低阻尼的大跨度斜拉桥在钢桥塔和主梁上安装了被动阻尼器，这一措施取得了显著成效。然而，到了20世纪末，尽管结构主动控制减振技术引起了广泛关注，但当前业内普遍认为，土木工程结构主动控制的实用性和可靠性仍面临挑战，尚需更多深入研究以确保其在实际应用中的可靠性。

三、非线性效应

鉴于非线性效应的考量，发展出了一种针对抖振现象的时域分析技术。该技术侧重于将风速的频谱特性转换为脉动风的时域信号，这一转换过程为模拟抖振力随时间波动的具体模式提供了基础。同时，为了提升对结构风致动态响应描述的准确性，原本通过气动导数表达的自激力也被转化为时间上的连续变化过程，以更准确地反映结构在风作用下的动态响应。最终，通过逐步的时程分析，不断调整系统的刚度和阻尼参数以及风荷载矩阵，以求得颤振和抖振的精确解。这种方法为理解和预测结构在风载荷作用下的非线性行为提供了有力的工具。

四、概率性设计

桥梁建设跨度日益扩大，特别是针对承担关键交通枢纽重任的巨型跨境桥梁，其地位已提升至生命线工程的高度。因此，深入实施防灾风险的综合分析，并基于概率模型对桥梁安全性进行严谨评估，显得尤为重要。为实现这一目标，需深入探索各类风环境参数与结构气动特性的不确定性，以获得准确的统计值。这样，就能将桥梁的抗风设计从传统的确定性方法转向更为科学的概率性方法，从而摒弃目前过于保守的估算和模糊的安全评价。

五、CFD 技术

20 世纪 90 年代初，土木工程界开创性地借鉴了航空科技的智慧，将计算流体力学（CFD）技术融入实践，初显成效。特别是 1993 年，丹麦学者瓦尔斯（Walthe）率先迈出了关键一步，他运用先进的流体力学算法，精确计算出了平板的气动特性参数——气动导数，并据此推导出二维颤振现象的临界风速阈值，这一里程碑式的成就为"数值风洞"技术的兴起铺设了基石。随后，他以丹麦著名的大海带桥为实证，借助数值模拟技术，有效攻克了流线型桥面颤振难题，展现了该技术在实际工程中的巨大潜力。此后，全球土木工程领域迅速响应，不仅广泛应用该技术，还在算法层面不断探索以及优化。时至今日，在大跨度桥梁设计的初期阶段，借助"数值风洞"进行大跨度桥梁断面的气动性能评估与优化设计，已成为业界的常规操作，这种做法可以确保设计的多样性以及创新性。

"数值风洞"在土木工程领域实际应用时却遭遇了挑战，尤其空气动力学构建精确数学模型时面临的理论障碍。与此同时，风洞试验技术凭借其在缩短试验周期和降低成本方面的显著优势，相较于"数值风洞"更显竞争力。更为关键的是，某些关键结构的气动参数，作为数值分析不可或缺的基础，目前仍需依赖风洞试验来精确测定。因此，在 21 世纪的前二十年，土木工程领域的研究以风洞试验为主导，同时结合数值模拟技术，以实现更全面的研究。

尽管科学已经取得了巨大的进步，但桥梁风工程的研究永不止步。现有的理论和方法仍有待更深入地优化和提升，而全新的理念和设计途径亦亟待人们发掘，以迎接更大跨度桥梁风工程性能的挑战。未来，随着新材料、新技术的不断涌现和应用，桥梁抗风理论的研究将更加深入、全面，为桥梁工程的安全与可持续发展提供更加坚实的理论支撑。

第二节　风对桥梁的动力作用

风不仅会对大跨度缆索承重的桥梁结构产生静力作用，其动力作用同样不容忽视。这种动力作用会诱发结构的振动，并产生相应的动力荷载，极端情况下，甚至可能导致结构的破坏。风对桥梁动力作用主要的是颤振、驰振、抖振以及涡振等，下面通过这四种动力作用展开分析。

一、桥梁颤振

桥梁颤振，作为一种空气动力学上的失稳现象，尤为显著地体现在大跨度且设计偏柔性、刚度较低的桥梁结构上。当气流穿越这些桥梁的截面时，它不仅施加了一个静态的力，还引发了一种动力作用。这种动力的作用成为桥梁振动的诱因，而桥梁的振动反过来又影响空气流动模式，形成了一种相互作用的循环，不断调整并放大风对桥梁的作用力。这种风与桥梁结构之间的相互作用构成了一个复杂的动力体系。若风的作用力受桥梁振动影响较小，则可视其为一种外部振动载荷；然而，一旦这种相互作用显著增强，构建成一个正反馈循环，风的作用便转化为桥梁内在的自激力。若桥梁振动体系中的机械阻尼与气动阻尼合力呈现负值，系统将开始无限制地积聚能量，最终触发失稳现象，这便是颤振。

自1940年塔科马海峡大桥在美国遭遇风毁事件后，全球研究者们基于航空科技的成果，深入探索了桥梁在风中的动力学失稳原理，并积极探寻抑制桥梁颤振发散的有效气动方法。具体有以下几种。

（一）古典耦合颤振

1935年，美国杰出的力学家西奥多森（T. Theodorsen）通过对势流理论的深邃洞察，为理解理想平板在流体力学中的非定常行为构建了精确的数学模型。这一里程碑式的模型，揭示了二维理想平板在均匀且水平流动环境中经历微小振动时，所经历的非定常空气升力和升力矩的精确表达。

$$L = -2\pi \rho b v^2 \left\{ C(k)\left[a + \frac{\dot{h}}{v} \right] + \left[1 + C(k) \right]\frac{b}{2}\frac{\dot{a}}{v} \right\} \quad (4\text{-}1)$$

$$M = \pi \rho b^2 v^2 \left\{ C(k)\left[a + \frac{\dot{h}}{v} \right] + \left[1 + C(k) \right]\frac{b}{2}\frac{\dot{a}}{v} \right\} \quad (4\text{-}2)$$

式中，ρ——空气密度；

b——平板的半宽度；

v——空气流速；

h, a——分别为截面竖向位移与扭转角；

k——折算频率；$k = \omega b / v$，ω 为振动的圆频率；

$C(k)$——泰奥多森（Theodorsen）函数，当用贝塞尔（Bessel）函数表示时，可写成 $C(k)=F(k)+\mathrm{i}G(k)$。

$$C(k)=1-\frac{0.165}{1-\dfrac{0.045\,5}{k}\bullet \mathrm{i}}-\frac{0.335}{1-\dfrac{0.3}{k}\bullet \mathrm{i}} \tag{4-3}$$

$$F(k)=1-\frac{0.165}{1+\left(\dfrac{0.045\,5}{k}\right)^2}-\frac{0.335}{1+\left(\dfrac{0.3}{k}\right)^2} \tag{4-4}$$

$$G(k)=-\frac{\dfrac{0.165\times0.045\,5}{k}}{1+\left(\dfrac{0.045\,5}{k}\right)^2}-\frac{\dfrac{0.335\times0.3}{k}}{1+\left(\dfrac{0.3}{k}\right)^2} \tag{4-5}$$

实用上，泰奥多森函数可用 R. T. Yones 的近似表达式。

1948 年，布莱希（Bleich）独具匠心地采纳了泰奥多森关于理想平板空气动力学的理论，首次将其应用于桁架悬索桥的颤振研究中。这一创举不仅深化了对桥梁颤振现象的理解，还初步搭建起悬索桥领域特有的、基于古典耦合原理的颤振分析架构。他的理论基于一个核心假设：在桁架悬索桥的设计中，桥面结构在气动效应上近似于一块平板，而桥上空腹桁架所受到的空气作用力则因其相对较小而可以忽略不计。基于这一假设，布莱希成功地将悬索桥桥面的二维颤振微分方程进行了描述。

$$m\ddot{h}+m\omega_\mathrm{h}^2(1+\mathrm{i}g_\mathrm{h})\bullet h=L \tag{4-6}$$

$$I\ddot{a}+I\omega_\mathrm{a}^2(1+\mathrm{i}g_\mathrm{a})\bullet a=M \tag{4-7}$$

式中，m, I——桥面每延米的质量与质量惯性矩；

ω_h, ω_a——悬索桥的弯曲基频与扭转基频。

$$g_\mathrm{h}=\frac{\theta_\mathrm{h}}{\pi}=2\xi_\mathrm{h} \tag{4-8}$$

$$g_a = \frac{\theta_a}{\pi} = 2\xi_a \tag{4-9}$$

式（4-8）和式（4-9）分别为弯曲及扭转振动的复阻尼系数。

古典耦合颤振理论的应用范围主要限定在流线型断面的桥梁上，这些桥梁的气流绕流特性与平板模型高度相似，从而确保了泰奥多森函数形式下非定常气动力的基本条件得以满足。

（二）分离流颤振

在多数桥梁构造中，非流线型截面设计屡见不鲜。当空气流经这些非流线型还伴有振动的截面时，会在其迎风前缘诱发气流的分离效应，还会产生旋涡脱落。此情境下，传统的势流理论框架下的泰奥多森公式，对于精确表述非定常气动力如何作用于桥梁截面显得力不从心。

为了应对非流线型断面在气流作用下引发的分离流颤振挑战，行业内的专家于1971年创新性地构建了一个详尽的非定常气动力模型，该模型通过引入六个核心颤振导数，以更加精准地捕捉并描述这种复杂动力作用对桥梁的影响。这些颤振导数均通过实验测量得出，为桥梁的颤振分析提供了更准确的工具。

$$L_{ac} = \frac{1}{2}\rho U^2 B\left[KH_1^*(K)\frac{\dot{h}}{U} + KH_2^*(K)\frac{B\dot{a}}{U} + K^2 H_3^*(K)a\right] \tag{4-10}$$

$$M_{ac} = \frac{1}{2}\rho U^2 B^2\left[KA_1^*(K)\frac{\dot{h}}{U} + KA_2^*(K)\frac{B\dot{a}}{U} + K^2 A_3^*(K)a\right] \tag{4-11}$$

式中，K——折算频率，$K = B\omega/U$；

$H_1^*(K)$，$A_1^*(K)$——通过试验测得的气动导数，分别为折算频率K的函数。

基于气动导数框架下的自激力模型，可以运用半逆求解策略，精确计算出结构在颤振状态下的临界风速值及其对应的振动频率。斯坎伦（Scanlan）所创立的颤振分析方法，不仅在传统弯扭耦合颤振领域展现出强大适用性，还可以应对分离流颤振问题。然而，这一自激力模型的有效性建立在两个基本假设之上：假设了线性化条件，即振动幅度微小；假定攻角在振动过程中保持不变，这在某种程度上使得气动力被视作定常化。

（三）三维颤振分析方法

三维颤振分析方法在当前的学术研究中，依旧深深植根于斯坎伦的分离流颤振理论。在频域内求解颤振方程，这一领域的研究已经积累了大量的学术成果，其中模态坐标下的频域颤振分析方法确实以其简洁和高效而著称，然而，它在处理如气动力、结构非线性及紊流等非线性因素时显得力不从心。与此不同，时域分析方法虽然计算复杂度较高，但能够有效地解决频域分析所忽略的非线性问题。因此，在计算能力允许的前提下，时域分析无疑是桥梁颤振分析中一个不可或缺的有力工具。

斯坎伦构造了应用于桥梁分析中的气动力阶跃函数。

$$\varphi_{M0}(s) = 1 + C_1 e^{C_2 s} + C_3 e^{C_4 s} \qquad (4-12)$$

式中，C_1、C_2、C_3、C_4——待定系数。

在式（4-12）中，待定系数能够依托实际测量的颤振导数，并借助最小二乘法进行有效拟合计算出来。然而，鉴于瓦格纳（Wagner）函数特有的复杂性，直接推导出气动力耦合项中的阶跃函数表达式显得尤为困难，这在一定程度上限制了该方法在桥梁结构颤振分析中的广泛应用和精确性。

二、桥梁驰振

驰振，指的是细长结构在特定横截面形状（如矩形、D形等）下，受风力作用而引发的不稳定振动状态。特别是在斜拉桥拉索遭遇冰雪包裹或风雨交加恶劣天气时，原本维持的圆形截面形态会遭受形变，失去原有的圆形稳定性，进而成为驰振现象的诱因。此类细长结构在驰振作用下，沿垂直于风向的方向会显著地出现大幅度振动，其振幅之大，有时甚至能超越其横截面直径的十倍。尽管与颤振导致的严重失稳不同，拉索的振动会造成桥梁结构的局部损害和疲劳问题。

驰振，从本质上看是一种复杂的非线性振动现象。在静态环境下，可以对横截面平均升力系数与阻力系数如何随攻角的改变而变化进行详尽的测量与分析，这一过程能够收集到充足的关键数据，来构建一个对驰振现象准确且令人满意的解析。也就是说，驰振基本上是由准定常力来控制的。

驰振现象一般具有二维性质，从三分力对结构运动的影响入手，可得出以下非齐次方程。

$$m\left[\ddot{y}+2\xi\omega_1\dot{y}+\omega_1^2 y\right]=-\frac{1}{2}\rho U^2 B\left(\frac{dC_L}{d\alpha}+C_D\right)_0\frac{\dot{y}}{U} \quad (4\text{-}13)$$

式中，y——横风向位移；

　　　m——质量；

　　　C_L——阻力系数；

　　　C_D——升力系数；

　　　B——特征尺度；

　　　U——来流速度；

　　　ρ——空气密度；

　　　α——风的有效攻角。

式（4-13）中，右边的气动力项可以看作对阻尼的贡献，因此可以把它移到方程左边合并成等效阻尼。以下为合并后的总阻尼。

$$d=2m\xi\omega_1+\frac{1}{2}\rho UB\left(\frac{dC_L}{d\alpha}+C_D\right)_0 \quad (4\text{-}14)$$

如果 d 大于零，系统的振动是稳定的；如果 d 小于零，则系统振动是不稳定的，即在初始的微小扰动下其振动是发散的。

三、桥梁抖振

桥梁结构面临的主要抖振现象可划分为三大范畴：①由结构本身尾流效应引发的固有抖振；②邻近结构物特征性紊流相互作用下产生的抖振；③自然环境中风速的脉动特性所激发的抖振。特别值得注意的是，大气中风的脉动成分对桥梁的抖振响应影响显著，因此，桥梁抖振分析理论的核心聚焦于深入剖析由大气紊流引发的抖振机制，并展开深入的探讨。

在 1962 年，达文波特（Davenport）的研究为桥梁结构抖振响应分析引入了新的视角。他结合西尔斯（Sears）函数和利普曼（Liepmann）的机翼抖振理论，以自身提出的脉动风谱为基础，提出了气动导纳的概念，这一创新使得抖振力功率谱密度的表示更加精确。

达文波特抖振力模型用阻力、升力与升力矩表示如下。

$$D_b(t)=\frac{1}{2}\rho U^2 B\left[2C_D\frac{u(t)}{U}+C'_D\frac{\omega(t)}{U}\right] \quad (4\text{-}15)$$

$$L_b(t) = \frac{1}{2}\rho U^2 B \left[2C_L \frac{u(t)}{U} + (C'_L + C_D)\frac{\omega(t)}{U} \right] \quad (4\text{-}16)$$

$$M_b(t) = \frac{1}{2}\rho U^2 B^2 \left[2C_M \frac{u(t)}{U} + C'_M \frac{\omega(t)}{U} \right] \quad (4\text{-}17)$$

式中，ρ——空气密度；

C_L，C_D，C_M——分别是升力、阻力与升力矩系数；

C'_L，C'_D，C'_M——分别是升力、阻力、升力矩系数对攻角 α 的导数，这些都可在风洞试验室由测力试验测得；

U——平均风速，u、ω 分别为水平向及垂直向的脉动风速。

达文波特的抖振力模型显著地简化了分析过程，它假设结构是刚性的，因此忽略了结构与风之间复杂的动态交互以及特定紊流对结构振动的重要影响。同时，该模型还舍弃了对脉动风中高阶成分的考量。相反，斯坎伦团队通过引入基于实验验证的自激力模型，精细调整了结构的刚度与阻尼特性矩阵，这一举措在保留达文波特模型核心结构的基础上，深入融合了结构与风场的相互作用效应，使得模型更加贴近实际。在频域分析中，针对抖振响应方差的计算，存在三种主要方法：CQC 法、SRSS 法和虚拟激励法。

CQC 法（complete quadratic combination）详细考虑了模态间的耦合关系，提供了精确的结果，但计算复杂度极高，对大型有限元结构抖振响应的求解，计算成本高昂。

SRSS 法（square root of the sum of squares）则忽略了模态间的耦合，显著降低了计算量，但在处理大跨度桥梁等自振频率密集的结构时，其精度会受到严重影响。

虚拟激励法则在保持与 CQC 法相同精度的同时，极大地提高了计算效率。这一方法之所以能在计算量上取得显著优势，是因为它采用了先求和再相乘的数学过程，而 CQC 法则是不求和直接展开各项乘积后相加，因此在模态众多且激励不相关的情况下，虚拟激励法的计算量远低于 CQC 法。

四、桥梁涡振

涡致振动是一种风致振动现象，其性质独特，融合了外部强制与内部自我激发的双重机制，并以自我限制振幅的方式展现出来。其根源在于空气流在绕过建筑结构时，会在表面形成一系列旋涡，这些旋涡按照一定的时间序列从结构上脱落，进而触发了涡致振动。

（一）涡致振动特性

1. 边界层与分离

当沿静止光滑的结构物表面存在空气流动现象时，与结构物表面接触的空气存在贴附效界层内，由于空气黏性效应作用，靠近物面的薄空气层因受黏性剪应力而导致速度减小；紧贴物面的流体黏附在物面上，与物面的相对速度等于零；由物面向上，各层的速度逐渐增加，直到与外层气流速度相等。如图4-1所示，描述了边界层速度廓线形状。当边界层内的气流质点由于惯性力的作用，其速度减小至一个程度，导致靠近物体物理表面的气流出现倒流现象时，边界层分离就会发生。这种分离是流速的降低和逆压梯度的存在共同作用的结果。

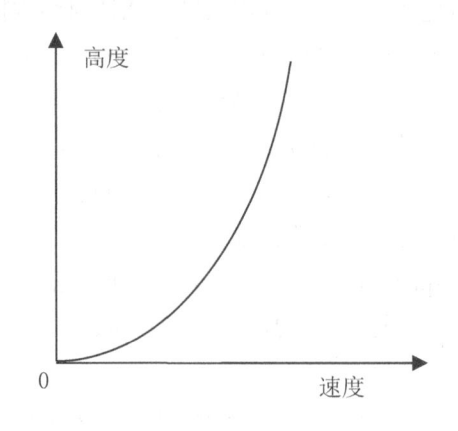

图4-1 典型的边界层风速廓线

这种减速现象源于气流中逆压梯度的存在，当气流质点因动量不足而无法战胜逆压梯度与空气黏性的联合作用时，流动分离现象便应运而生。以钝体边缘的绕流为例，其形成的逆压梯度尤为强烈。随着一系列复杂且尚未完全明了的动态变化，分离层逐渐演化为离散的涡旋体系，这些涡旋随后从钝体表面剥离，融入尾流之中。这些涡旋在分离点周围激发出强大的吸力效应。对于流线型断面，由于逆压梯度不大，基本上能避免边界层的分离。

2. 旋涡脱落及尾流特性

在不可压缩流体的流动中，惯性力和黏性力是两个核心参数，它们共同塑造着流体的流动形态。这两种力量之间的相对作用，即它们之间的平衡关系，是判断可能出现哪种类型流动特性或现象的关键依据。这种关系被量化为雷诺数（Reynolds number），它作为一个重要指标，帮助人们预测和理解流体的流动行为。它反映了流体惯性力和黏性力之间的比例关系，其定义如下。

$$Re = \frac{\rho U^2 L^2}{\mu UL} = \frac{\rho UL}{\mu} = \frac{UL}{\nu} \tag{4-18}$$

式中，μUL——作用在表面特征尺寸为 L 的某一体积气流微团上的黏性力的数量级；

$\rho U^2 L^2$——作用在上述气流微团上的惯性力的数量级；

ρ——空气密度；

U——来流风速；

L——结构特征长度；

μ——黏度系数；

$\nu = \mu / \rho$——运动黏度系数。

迄今为止，通过一系列现场足尺测试、风洞模拟和计算机数值模拟等实验和模拟手段，对雷诺数如何作用于钝体绕流中的分离流动已经取得一定的成果。然而，由于钝体绕流现象的复杂性，该领域的研究仍需进一步深入。针对圆柱体和圆锥体在不同流场条件下的绕流特性进行了详细的研究。研究发现，雷诺数的变化会导致钝体绕流的分离流动出现变化，而且这种变化还会受到钝体自身几何形状的影响。

例如，发生在圆柱体上的有规律的旋涡脱落现象在其他的钝体，如断面为三角形、方形、矩形和其他不规则形状的棱柱体上也会发生。捷克科学家斯特劳哈尔（Strouhal）最先指出这种尾流效应的显著规律可以用下述无量纲数来描述。

$$Sr = \frac{f_s D}{U} \tag{4-19}$$

式中：U——来流层流的平均速度；

D——物体特征尺寸，一般取物体在垂直平均流速的平面上的投影特征尺寸，也有取物体顺流向的特征尺寸；

f_s——旋涡脱落完整周期的频率，所谓的完整周期是指物体周围某一瞬时流动结构和下一次出现相同流动结构之间的时间；

Sr——斯特劳哈尔数（Strouhal number），它的大小取决于被流体所包围的柱体形状，不同的钝体断面具有不同的斯特劳哈尔数值，可通过风洞试验获得。正前文所述，物体的绕流行为特性，包括流动分离现象及旋涡脱落等动态过程，均深刻地依赖雷诺数的大小，因此，斯特劳哈尔数不仅受到物体形状的影响，还受雷诺数的显著影响。也有学者将斯特劳哈尔数的定义拓展至较大宽高比断面特有的分离流效应，并赋予能量效应。

3. 锁定现象

对于给定的钝体断面，其斯特劳哈尔数通常是一定的，这意味着涡脱频率随风速线性增加。当旋涡脱落频率f_s接近桥梁的某阶自振频率f_n时，旋涡脱落就不再按斯特劳哈尔关系的规律变化，旋涡脱落频率f_s与桥梁的某阶自振频率f_n相等，会引起结构发生大幅振动，并形成风速锁定区间。由于涡致振动不是只在一个风速点上发生，而是持续发生在一定的锁定风速范围内，因此，在风速增加过程中发生的涡致振动锁定现象，如图4-2（a）所示，与风速降低过程中的涡致振动锁定现象，如图4-2（b）所示，也可能有所不同。涡致振动的锁定风速范围一般可由风洞试验确定。

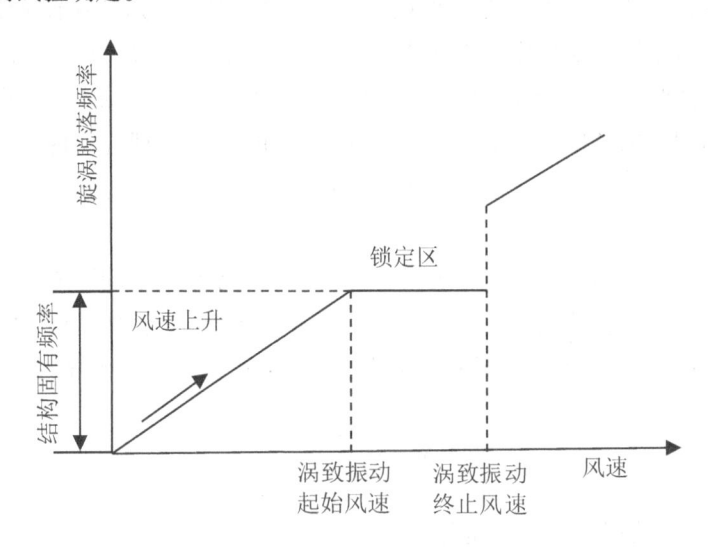

（a）风速上升

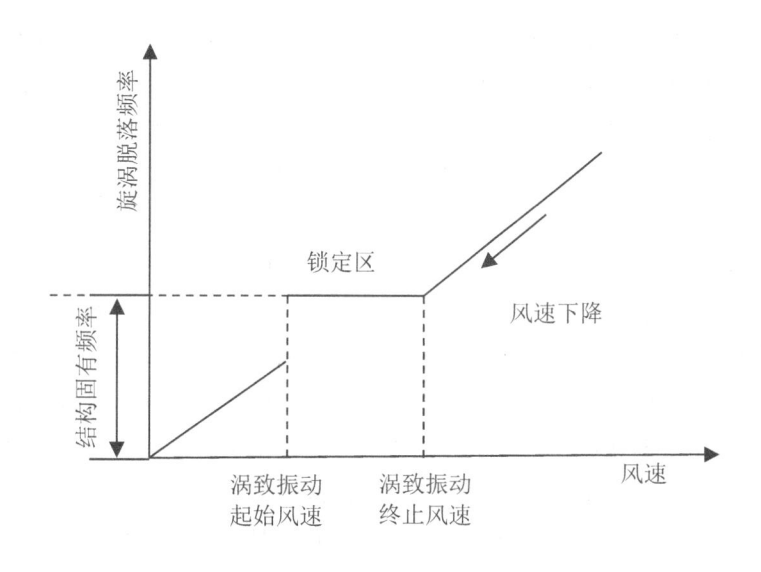

(b）风速下降

图 4-2　旋涡脱落频率随风速变化示意图

4. 自激自限幅特性

自激现象是指涡致振动由流－固耦合系统自身产生。在涡振现象刚刚发生时，原本周期性的强迫涡激力受到了结构运动相关的强大自激力的影响，进而强化了涡激力在细长结构上的相关性。自激力的这种特性背后机理复杂，通常被视为结构运动非线性函数。随着风速的增加，在共振初期，自激力推动了振动幅度的上升；但当振动幅度达到一定阈值后，自激力转而起到抑制作用，使得振动幅度随风速的进一步增大而减小，呈现出一种自我限制的特性。涡致振动的稳定振幅往往达到结构横风向尺寸的相当比例，但通常不会超过其一半。当风速继续增加而超过涡致振动锁定风速范围时，涡致振动消失，旋涡脱落的频率又回归到斯特劳哈尔频率。

（二）涡致振动影响因素

1. 雷诺数效应

桥梁雷诺数效应，实质上描述了桥梁主梁断面或其他结构部件在风作用下的振动响应，以及静力三分力系数、表面压力系数及其分布、斯特劳哈尔数等参数如何随着雷诺数的变动而变动。这一效应包含两方面的理解：首先，某些参数和雷诺数存在函数关系，雷诺数成为这些参数变化的根本原因；其次，在模型试验中，当模型缩尺比例极小时，模型与真实桥梁的雷诺数差异显著，这导致在将试验数据应用到原型时，难以准确捕捉参数的实际变化模式，这是因为试验设计过程中没有满足雷诺数相似准则。对于后者，参数对雷诺数是敏感的，模型试验应尽可能满足雷诺数准则。

雷诺数在边界层的发展和流动分离中起着决定性作用，它是评估边界层从层流向湍流转变的关键指标，并且对旋涡的形成具有显著影响。然而，由于传统桥梁风洞试验难以达到与实际结构相同的雷诺数，因此这些试验经常忽视雷诺数差异对桥梁结构气动特性的潜在影响。通常情况下，桥梁的截面形态包含有明确的分离点，但根据传统观点，相较于圆柱体横截面，桥梁横截面所受的雷诺数效应影响较为微弱，因此在实际应用中，这一因素常被忽略不计。

然而，雷诺数效应会导致节段模型表面边界层厚度远大于实际雷诺数下的边界层厚度。国内专家对流线型桥梁断面的气动力特性进行了深入研究。他们发现，随着雷诺数的变化，表面脉动风荷载的展现形式会发生显著变动。特别是在某些特定位置，流动的分离以及再附现象会随着雷诺数的不同而有所调整，这种变化进而对桥梁整体的气动力性能和旋涡脱落的规律性产生重要影响。故雷诺数效应对桥梁断面气动特性影响不容忽视。

概括来说，桥梁断面的雷诺数效应具有显著的复杂性，各类桥梁断面在应对雷诺数效应时表现出不同的敏感度。例如，在分离箱梁断面中，低雷诺数条件下涡振振幅的增大现象相较于高雷诺数条件更为显著，这对其结构安全构成了更大的威胁。而在流线型箱梁断面方面，学术界的观点并不统一，甚至存在完全相反的看法。因此，对于包括流线型箱梁断面在内的典型桥梁断面，还需要对涡振雷诺数效应进行更为广泛和深入的探讨。

2. 紊流特性

风洞作为探究细长柔性结构气动特性的有效工具，在大跨度桥梁设计的气动稳定性评估中发挥着长期且关键的作用。它提供了一个可控的实验环境，使工程师能够准确模拟和评估桥梁在各种风速和风向条件下的性能，从而确保桥梁的安全性和稳定性。

桥梁气动响应在均匀流和自然紊流中有所不同。很多在风洞试验中观察到的现象在实桥中并未出现，这是因为实桥环境在流风中存在紊流的影响。在均匀流动环境的研究基础上，针对湍流场中结构涡激振动的性能探索尚显不足。传统观念普遍倾向于湍流对结构涡振具有削弱作用，所以，这一信念导致在安全性评估时，其潜在影响常被忽略不计。关于湍流为何能抑制结构涡振，存在两种主要观点。一种观点认为，湍流能加速旋涡涡量的耗散过程，导致旋涡的强度减弱；另一种观点则主张，湍流能够减少涡激力在展向上的相干性，进而降低结构对涡振的响应。

经过这些年专家学者们的研究，强调涡致振动受到来流紊流度的影响显著，当来流紊流度增大时，所有断面形式的涡振振幅均减小，甚至有些断面不再出现涡振现象；而对于紊流积分尺度，不同断面形式受来流紊流积分尺度的影响不同，矩形断面更容易受到积分尺度的影响。随着竖向紊流积分尺度的增大，矩形断面的最大涡振振幅将增大，而对于六边形的断面，来流紊流积分尺度对涡致振动振幅的影响不是很显著。

3. 桥面附属设施

为确保行人与车辆通行的安全，方便日常维护和管理，需要在桥面增设一系列安全辅助结构，包括防碰撞护栏、防风屏障及便于检修的轨道系统，旨在构建一个全面的安全保障体系。这些增设的附属设施将不可避免地影响桥梁截面的空气流动特性，特别是旋涡沿主梁断面的漂移与非定常演化特性。主梁断面形状的细微变化，如栏杆形式、检修轨道位置改变等，都会对涡振振幅、锁定区间产生重要影响。

鉴于桥梁断面和附加结构种类繁多，其对桥梁断面涡振性能的影响尚未形成一致观点。目前，在选择和设计附加结构时，人们倾向于将其与断面气动外形的优化相结合，通过试验手段筛选出最佳的附加结构，以优化整体气动外形，进而降低结构涡振的风险。

4. 气动干扰效应

当流体流经彼此接近的柱群结构时，这些结构之间的流动分离、再附及旋涡的交互作用将产生复杂的流动模式，这就是结构物群体间的气动干扰效应。人们首次对这种效应给予重视，是因为1965年英国渡桥电厂的冷却塔因风毁事件而引发的关注。此后有大量文献研究了圆柱、方柱绕流的气动干扰效应。

经过全球范围内专家的深入研究，气动干扰效应被证实对双桥面桥梁的涡致振动具有显著的负面影响。研究还发现，当两桥面之间的距离逐步扩大时，它们之间的气动干扰效应会逐渐减弱。这种变化导致主梁的涡致振动特性随间距的增加而发生变化。为了缓解这种不利影响，增加阻尼被证明是一种有效的抑制双桥面涡致振动的方法。为了更具体地探究这一现象，通过采用工程中常见的1∶5矩形断面、流线型断面以及双桥面模型，进行了大量实验，以验证并优化相关理论。通过观察这些试验发现，三种截面形式下的气动干扰规律是不相同的，说明截面形式是影响双桥面桥梁气动干扰的因素之一。研究还发现，不同阻尼比下，风速锁定区的范围不发生变化，但风速锁定区涡致振动的最大振幅却随阻尼比的变化而变化，这对双幅桥是同样适用的；不管是对单幅桥面还是双幅桥面，紊流对涡致振动都有抑制作用。

目前多幅桥面的气动干扰研究的主要手段是风洞试验，试验方法主要有：弹性悬挂主梁节段模型测振试验，改变试验参数，通过颤振临界风速、气动导数和斯特劳哈尔数等实测参数评价气动干扰效应对桥颤振稳定性的影响，通过涡致振动风速锁定区间和涡振最大振幅等实测参数来评价气动干扰效应对涡致振动特性的影响；主梁刚体模型测振试验，改变试验参数，通过静力三分力系数的变化来评价气动干扰效应对静气动力特性的影响；弹性悬挂主梁节段模型表面测压试验，改变试验参数，通过主梁表面压力分布变化来解释气动干扰原理。

综合各国学者对多幅桥的气动干扰效应及其对桥梁涡振特性的影响研究，可以得出以下结论：多幅主梁之间的气动干扰效应对桥梁的涡振特性确实有影响，不同截面形式下多幅桥的气动干扰规律不同，且对 D/B（间距比）敏感；与单幅桥相似，多幅桥涡振特性仍然随阻尼比和紊流度变化而变化。针对多幅桥面气动干扰效应的研究，尽管已经取得了一些进展，但仍存在诸多问题，有待进一步研究和细化。

①现有的多幅桥面气动干扰效应研究大多数是针对实际工程项目的，由于断面形式的差异，以及阻尼比和 D/B 值的差异，研究所得出的结论不太一致，有时候甚至是相互矛盾的。

②尽管有学者试图用各种方法对气动干扰效应进行合理解释，但多幅桥面气动干扰效应的内在机理尚不明确。

第三节　桥梁抗风控制及设计

一、桥梁抗风控制

（一）桥梁抗风控制的目的

鉴于风致振动的多样特性，振动控制策略需灵活调整以适应各种具体情况。据此，大跨度桥梁的抗风控制的目的主要有以下几个方面，这些目标共同构成大跨度桥梁风振抑制策略的关键组成部分。

①颤振或驰振等自激型发散振动，要务必确保这些现象不会发生，或者至少要提升这些振动的临界风速，使其临界风速高于桥梁在设计寿命内桥位处可能遭遇到的最大风速。

②涡激共振的情况则有所不同，由于难以完全避免这种现象，所以让提高风速阈值，并努力降低其振动幅度。

③对于由阵风引发的抖振问题，其核心应对策略是最大限度地降低其振幅波动。

桥梁振动控制实质上是对桥梁的各种振动现象，如动力响应和动力不稳定性（自激振动），实施精准调控，确保其运行在安全、稳定的范围内。这里的"安全、稳定的范围"即为人们所设定的控制条件或目标值，这些目标值可以依据结构关键部位的位移、速度、加速度等物理量来设定，也可以是针对结构内部应力、裂缝扩展宽度等关键指标的调控。通过这些控制手段，旨在保障桥梁结构的正常使用功能，包括防止结构破坏、保障行车安全等。

（二）桥梁抗风控制的措施

根据我国现行《公路桥梁抗风设计规范》（JTG/T3360-01—2018）的规定，如果桥梁结构的抗风性能无法满足建设要求，可根据工程具体情况选择气动措施、结构措施和机械措施予以提高。不同附加控制措施所发挥的作用存在较大差异，适用情况也不同。气动措施是指利用稳定板、导流板、裙板、风嘴、开槽等附属物来改变构件截面外形，调整气流绕流形态。气动措施操作较为简单，对桥梁结构的改变小，并且成本较低，是桥梁抗风设计实施附加控制的优先选择；结构措施是通过调整结构构造来加强其刚度与质量，以及通过增设内外部约束条件来实现桥梁的抗风性能。不过，这些方法成本较高，故而在设计过程中，它们常被视作辅助性措施，仅在需要整体优化结构布局时才被纳入考虑范围，以平衡性能与经济性；机械措施是通过机械干预手段来提高结构的抗风能力。例如，增加被动阻尼器、主动阻尼器和半主动阻尼器等各种阻尼器。对于主梁涡振和桥塔风振，常规做法是增设调谐质量阻尼器以增强稳定性，并通过内置或外置半主动阻尼器解决拉索的风振问题。

1. 结构措施

（1）增大桥梁结构的刚度来加大固有频率

增强桥梁结构的刚度不仅能够有效抑制振动幅度，还能显著提升临界风速，提升桥梁结构的固有频率，增强其抵抗强风的能力。但需谨慎的是，这种结构强化方法并非普遍适用于各类桥梁，需根据桥梁的具体特点和需求进行定制化设计。例如，在处理柔性大跨桥梁时，仅通过简单地增加刚度来强化结构，不仅在经济层面可能显得不够高效，还可能意外地对其至关重要的气动外观产生负面影响，从而带来不利后果。

（2）增大桥梁结构的质量来减小风致振动幅度

虽然增加桥梁结构质量能在一定程度上改善效果，如提升结构的稳定性和耐久性，但这一举措同时也伴随着其他问题的产生。最主要的问题之一是，增加结构质量会导致桥梁的固有频率减小。固有频率的降低可能会影响桥梁的动态响应特性，使得桥梁在受到外部激励时更容易发生共振，进而加剧振动幅度，对桥梁的安全性和使用寿命构成潜在威胁。因此，在决定增加桥梁结构质量时，需要综合考虑其利弊，确保桥梁的整体性能得到合理优化。

（3）增加其截面的抗扭刚度

对于那些不具备流线型设计的大跨度桥梁，为了增强结构的稳定性，一个常见的策略是提升其横截面的抗扭刚度。这类桥梁在运营过程中，截面常会出现振动不稳定的状况，具体表现为显著的扭转振动。因此，通过增大抗扭刚度，可以有效地抑制和缓解这类大桥断面颤振问题的发生。

（4）提高临界风速

科学家通过深入研究多振型耦合颤振理论，成功探索出一种优化临界风速的新方法。在桥梁结构设计中，多振型耦合特性对于增强其抗风稳定性至关重要。例如，为悬索桥增设特定的约束结构，精细调控其反对称振动形态，这不仅增强了结构的整体稳定性，还为实现更高效的风致响应控制提供了新思路。另外，结合斜拉桥和悬索桥，使用斜缆进行组合设计，这种方法能破坏满足相似振型耦合的条件，实现多振型耦合效果。除了传统颤振外，增加桥梁结构本身的阻尼也是提高抗风稳定性的有效手段。因此，在桥梁结构中设置阻尼器成为一种常见做法，用于降低桥梁的振动幅度。

2. 气动措施

（1）一般措施

随着气流在桥梁截面的不同部分流动，会产生相应的气流作用力。这种力的大小和性质受到桥梁截面气动外形的影响，两者之间存在相互关联的变化。目前，尽管空气动力学的全面理论框架尚未能彻底解释此机制的具体运作，科研工作者们已积极投身于一系列详尽的风洞试验中，系统地探究了多种气流作用对桥梁结构的动态影响，并据此提出多种旨在显著提升桥梁抗风性能的策略。

①与传统钝头型桥梁断面相比，悬臂型设计凭借其出色的空气动力学特性赢得了广泛认可。尤为值得注意的是，悬臂的设置不仅是美学上的延伸，更能极大增强桥梁稳定性，并且其长度与桥梁整体稳定性之间呈现出直接的正相关，也就是说悬臂越长，桥梁的稳定性也就越强。

②桥梁截面的端部构造是调控其整体性能不可忽视的一环。通过精细设计裙板或风嘴，能够实现截面形态的进一步优化，使其更接近理想的流线型，这一转变在减少风致涡脱现象、提升桥梁气动效率方面效果显著。

③针对那些因大跨度或低频率特性而面临气动稳定性挑战的桥梁，一种创新的解决方案是在桥面战略位置开设透风槽。这一设计策略能够有效调节桥面附近的气流分布，从而维护并提升桥梁在复杂风环境中的稳定性。

④在桥梁结构中引入抑流板和导流板，不仅可以优化气流的流动模式，还能有效减少抖振现象的发生，提升桥梁的安全性和稳定性。

（2）附加措施

气动措施是桥梁结构抗风设计中应用最多的附加措施，接下来将分别介绍主梁颤振、主梁或拱肋涡振及拉索风雨激振采用附加气动措施的控制情况。

①主梁颤振控制气动措施。主梁颤振是大跨度悬索桥常见的风致振动问题，在目前世界上已建成的10座最大跨度的悬索桥中，有5座桥梁出现了颤振或涡振问题。总结近30年大跨度悬索桥抗风设计及建设经验发现，大跨度悬索桥跨径颤振稳定性上限约为1500 m，而不管是采用流线型钢箱梁，还是采用透风性良好的钢桁梁，当跨径接近或超过1500 m时，设计人员必须采用全面有效的措施控制颤振稳定性。悬索桥加劲梁控制颤振的气动措施主要有中央稳定板、开槽或分体箱梁、稳定板和开槽相结合等。采用气动措施对颤振预防后，跨度悬索桥的颤振稳定性上限可以提高至5000 m，可满足大部分跨度悬索桥梁的抗风需求。

②主梁或拱肋涡振控制气动措施。伴随着经济的发展，"超级工程"建设越来越常见，大跨度桥梁跨径正在不断增加。跨径的增加不仅会造成颤振问题，还会导致主梁或拱肋的涡振问题。从主梁或拱肋涡振控制需求来看，选择合适的气动措施能够有效减小风致涡振，这对未来大跨度桥梁涡振控制具有重要现实意义。

③拉索风雨激振控制气动措施。造成拉索风雨激振的主要原因是拉索表面形成了上下雨线，雨线的出现破坏了拉索原流线型的圆截面形式。因而，破坏雨线的形成就能够有效控制拉索风雨激振问题。经过大量的悬索桥抗风试验及现场实测分析，在拉索表面缠绕螺旋线或刻制不规则凹坑都能够有效破坏雨线的出现，并且这两种气动控制措施可以将拉索风雨激振振幅控制在 $L/1700$（L 为拉索的计算长度）的范围内，减小风致振动效果明显。

3. 机械措施

当气动措施在特定情况下无法达到预期效果或者实施起来存在困难时，机械措施便成为备选方案。桥梁结构的风致机械措施可以根据是否依赖外部能源来分类，具体可细分为以下几种类型。

（1）主动型

主动控制策略主要通过两种途径实现：一种是利用外部能源介入，在外界负载的影响下进行即时振动控制；另一种则是通过调整结构的动力特性，从而减小振动响应。主动控制的核心在于对结构动力反应的实时追踪与监测，而现代控制理论在其中扮演了至关重要的角色。这种理论被用来精确计算所需的最佳控制力，当外部能源提供大量能量时，这种力可以高效抑制桥梁结构的振动，从而预防潜在的结构损伤。

（2）被动型

被动控制策略主要侧重于通过特定的装置或者材料来被动地吸收和耗散振动能量。

（3）混合型

混合控制策略融合了主动与被动两类机械干预措施，两者在特点上相互补充。主动控制虽然效果显著，尤其在风振控制方面，但其能耗较高，成为其一大短板。相对而言，被动控制则以其低能耗为优势，但在控制效果上却存在一定的不确定性。混合控制通过集成两者的优势，不仅继承了主动控制的高效性，同时也吸纳了被动控制在振动能量利用方面的长处，形成了更为全面和均衡的控制策略。

二、桥梁抗风设计

（一）桥梁抗风原则

当风穿越桥梁结构，尤其是那些具有非流线型（钝体）截面时，它会引发涡旋的生成和流动的分离，这些现象随后转化为一系列错综复杂的空气作用力。当桥梁结构的跨度不超过 200 m 且结构刚度较大时，作用到结构上的外力相当于静风荷载，桥梁结构能够保持良好的稳定性。然而，当桥梁结构的跨度超过 200 m 时，此时的风作用到结构上的外力不仅仅有静风荷载，还有动力荷载，结构刚度将难以保持，极易导致结构振动。受风的空气作用力的影响，桥梁会出现风致振动，而振动中桥梁又会改变空气中原本的气流流向，增大动力作用，最后扩大桥梁的风致振动现象。可根据桥梁结构受空气作用力影响的大小推测可能出现的桥梁振动形式。若空气作用力影响较小，桥梁结构振幅不明显，则会出现桥梁抖振和桥梁涡振；若空气作用力影响较大，桥梁结构发散性振动，则会出现桥梁颤振和涡激共振。除此之外，在不同等级的风或雨的共同影响下，斜拉桥的拉索也会呈现不同的振动情况。

此外，若桥梁结构在抗风方面存在不足，可根据具体工程条件灵活采取多种策略，包括气动措施、结构措施以及机械措施等手段，旨在显著提升桥梁结构的抗风性能，确保桥梁结构的安全与稳定。虽然在概念设计阶段无法用到风洞试验方法或数值模拟方法对桥梁结构的抗风能力进行测试与评估，但仍旧能够贯彻落实桥梁结构抗风设计理念与原则，并且还可以利用减小静风荷载、控制风致振动及实施附加措施手段来优化结构与构件布置来提高结构的抗风能力。

（二）桥梁抗风设计的要求

1. 减小静风荷载

当风经过非流线型或钝体截面的桥梁构造时，其会对结构产生一系列的空气动力作用，这些作用力统称为静风荷载。这些荷载可以分解为三个主要分量，即静风荷载阻力分量、静风荷载升力分量和静风荷载升力矩分量。

静风荷载阻力分量、静风荷载升力分量及静风荷载升力矩分量的大小主要与桥梁结构的设计风速、截面形式以及结构尺寸有关系。通常情况下，桥梁结构的设计风速需要考虑桥位基本风速、场地粗糙度及桥梁离地高度。而为降低桥梁结构承受的静风荷载，应根据风速仪的大量实测结果选择基本风速较小的地区作为桥位。当基本风速相同时，场地越粗糙，平均风速越小，脉动风速或阵风风速就会越大。场地粗糙度与场地平均风速成反比，与脉动风速、阵风风速成正比。同时，随着离地高度的增加，桥梁结构的平均风速也会随之增高，而脉动风速却不断降低。构件不同的截面形式及结构尺寸会对桥梁结构的抗风性能产生不一样的影响，因而必须加强对主梁和拱肋、桥墩和桥塔、主缆和拉索等构件截面形式和结构尺寸的控制，实现减小静风荷载的目标。

（1）主梁和拱肋

主梁和拱肋是桥梁结构的重要组成构件，尺寸大，占比高，其截面形式和结构会对整个桥梁结构的静风荷载产生巨大影响。从截面形式和静风荷载的关系来看，截面形式越趋近流线型，静风荷载就越小；截面形式越趋近钝体，静风荷载就越大。影响构件截面形式和结构尺寸的关键因素就是主梁或拱肋截面的宽度和高度，主梁或拱肋截面的宽高比与静风荷载成反比，即宽高比越大，桥梁结构的静风荷载就越小。对于混凝土钢实腹、钢箱主梁，宽高比越大的截面形式越趋近流线型，静风荷载越小；反之，宽高比越小的截面形式则越接近钝体，静风荷载则越大。

通常情况下，拱桥有两片或两片以上的拱肋。相较于主梁截面，拱肋截面宽度要更加窄小，作用到每片拱肋上的静风荷载也要小于主梁，静风荷载三个分量中的升力矩分量可以忽略不计。静风荷载阻力分量和升力分量的大小主要由最外侧拱肋的高度及外轮廓形状所决定，所以在气流环境中，每一片拱肋受到的阻力和升力也是不一样的。为实现减小静风荷载的目标，应加强对外侧拱肋组成的外轮廓的宽高比控制，因宽高比越大，拱肋截面形式就越趋近流线型，静风荷载就越小。同时，可以采取拱肋截面倒角等措施优化截面形式，控制结构尺寸。

（2）桥墩和桥塔

桥墩和桥塔通常采用的都是竖直构件，不同高度的截面形式存在差异，并且随着竖直构件离地高度的增加，其受到的平均风速、脉动风速也是不同的，构件整体静风荷载变化较为复杂。同时，桥墩和桥塔截面形式的长宽比要小于主梁，所以综合来看，静风荷载仅需要考虑阻力分量。当桥墩或桥塔高度较大且静风荷载较大时，可在满足桥梁结构要求的基础上优化墩柱或塔柱截面的建筑外形，采用矩形截面进行适当的倒角处理，以减小静风荷载，提高桥梁稳定性。

例如，我国舟山西堠门大桥主跨 1650 m，为满足抗风稳定性的要求，曾就桥塔断面进行了多轮气动选型测试，首轮采用双矩形截面，并充分比较了外凸圆形、内凹圆形和内凹矩形三种倒角形式。经过比较不同倒角形式横桥向静风阻力系数和顺桥向静风阻力系数，发现外凸圆形倒角的最大横桥向和顺桥向静风阻力系数仅有不倒角截面形式的 25%，而内凹圆形和内凹矩形两种倒角形式的系数差别较小，大约可以减小 30% 的静风阻力系数。

（3）主缆和拉索

虽然悬索桥中的主缆、吊索及斜拉桥中的拉索都具有流线型的圆截面，但其还是会受到部分静力荷载的影响，通常考虑静风荷载阻力分量即可。单根主缆静风阻力系数取值约为0.7，且主缆截面外径越小，静风阻力也就越小。目前，大跨度悬索桥的平行丝股主缆都是采用预制平行钢丝束股法完成束股，即先用61、91、127、169等数量钢股丝编成钢丝束股，再按照正六边形平行排列的方法将钢丝束股编成主缆。这种正六边形平行排列的方式能够有效缩紧束股间的空隙，达到控制主缆截面外径、减小静风荷载的目的。

受到雷诺数效应的限制，斜拉桥拉索的静风阻力系数取值范围为0.8~1.0。斜拉桥拉索必须采用钢索制作而成。拉索的常见种类有钢筋索、平行钢丝索、钢绞线索、单根钢绞线。大跨度斜拉桥采用的拉索一般是平行钢丝索或钢绞线索，两种拉索性能有一定差异，在相同强度条件下，平行钢丝索空隙率较大、外径较小、阻力分量较小。

2. 降低风致振动

大跨度斜拉桥和悬索桥的主梁会发生颤振、驰振、涡振和抖振等风致振动，大跨度拱桥钝体拱肋截面会引发涡振，缆索承重桥梁的钢桥塔容易导致驰振和涡振，斜拉桥的长拉索存在风振和风雨激振的可能，悬索桥和拱桥的吊杆也存在风振的问题。从风振的实质来看，颤振和驰振属于发散性的自激振动，可在桥梁抗风设计中对其进行优化预防。涡振有自激振动和强迫振动的特性，桥梁抗风设计应确保结构满足刚度要求。拉索的风雨激振属于自激振动，桥梁抗风设计应确保结构满足一定的强度和刚度要求。其他构件的抖振和风振属于有限振幅的非破坏性强迫振动，发生振动时不会影响桥梁结构的稳定性，设计时只需要确保满足行车安全、疲劳强度及行车舒适度要求，在桥梁概念设计阶段，桥梁抗风设计主要是针对主梁颤振和驰振、主梁或拱肋涡振、拉索风雨激振等发散性或大振幅的自激振动，其他构件的有限振幅的非破坏性强迫振动则放在后续设计阶段予以考虑。

（1）主梁颤振和驰振

颤振作为一种极具破坏性的振动现象，其特征是纯扭转或同时伴随弯曲的发散自激振动。一旦风速达到某一临界值，主梁会在气流的作用下不断获得能量，这一能量足以克服结构自身的阻尼效应，从而使振幅持续增大，直至最终引发结构破坏。颤振现象并不局限于特定的主梁截面形式，它几乎可以在任何主梁中出现，只是不同截面形式的主梁，其颤振发生的临界风速各不相同。

驰振是一种破坏性的横风向弯曲的发散自激振动，主要是由升力曲线的负斜率引起的，驰振一般发生在非圆形的、边长比小于4的类似矩形断面的钝体构件中，大跨度桥梁一般很少采用这种高宽比的主梁。判断桥梁颤振失稳与否的标准是桥位颤振检验风速是否大于桥梁颤振临界风速，前者是设计基准风速乘以风速修正系数和安全系数后的一个风速标准，后者一般采用节段模型或全桥模型风洞试验方法以及桥梁颤振理论计算方法来确定。

颤振临界风速估算公式表明：影响颤振临界风速的主要因素有主梁截面形状（包括阻尼比）、攻角效应系数、主梁等效质量和质量惯矩、扭转基频等。其中，阻尼比较大、流线型较好的截面，具有较高的颤振临界风速；-3°或+3°攻角的颤振临界风速低于0°攻角；增加主梁等效质量或质量惯矩，有助于提高颤振临界风速，但效果有限；提高桥梁扭转基频，能有效提高颤振临界风速。

（2）主梁或拱肋涡振

风在穿梭于形态万千的钝体构造时，会促使边缘区域形成旋涡，这些旋涡周期性地从结构上脱落，从而不断引发涡激力的波动与变化。如果旋涡脱落的频率与结构的某一固有频率相接近或相等，那么结构的涡激振动就会被激发出来，通常称之为涡振。尽管涡振不至于像颤振和驰振那样，直接造成结构整体的失稳和破坏，但值得注意的是，一旦涡激振动的频率与结构的固有频率相吻合或接近，便可能诱发大幅度的振动，即涡激共振。这种振动结合了自激和强迫振动的特性，轻微的可能会导致舒适度下降和行车问题，重者可能造成结构过大的变形，甚至强度破坏。

涡振是在较低风速区域发生的有限振幅振动。当风速相对较低时，涡激频率主要受风速的直接影响，与物体的振动状态关系不大，此时涡激频率与风速之间呈现出一种简单的线性关系。然而，随着风速的逐渐增强，涡激频率和由此产生的振幅都会逐渐增加。达到涡激共振的特定条件时，现象发生逆转：物体的振动状态开始主导涡激频率，导致在一定风速范围内，即使风速有所变化，涡激频率也保持稳定不变。这种特殊现象被称为涡激振动的"频率锁定"效应，而与之相关的风速范围则被称为涡振锁定风速区间。评价涡激共振发生的主要指标有三个。

第一，涡振锁定风速，即涡振发生风速。只有当涡振锁定风速小于设计基准风速时才需要考虑涡振问题。对于大跨度缆索承重桥梁，涡振锁定风速一般为 $5 \sim 20 \text{ m/s}$。

第二，涡振最大振幅，即对应于某阶结构振型的最大振幅。我国现行《公路桥梁抗风设计规范》（JTG／T 3360-01—2018）给出了涡激共振振幅估算公式，但建议以节段模型风洞试验为准，同时还给出了涡激共振振幅的允许值，即必须保证最大振幅小于允许值。

第三，涡振发生频度，这是个与经济性相关联的指标，从理论上讲，如果涡振锁定风速小于设计基准风速，并且涡振最大振幅大于允许值，就必须考虑采取涡振控制措施，但是考虑到采用涡振控制措施所要付出的经济代价，最新研究进展表明可以通过对涡振发生的频度进行分析，用桥梁设计基准期内首次发生涡振频率和累计涡振时间两个指标来确定是否需要采用涡振控制措施。

根据缆索承重桥梁主梁和大跨度拱桥拱肋涡振研究的最新进展，通过理论分析、模型试验和现场实测已经发现有不同程度涡振的著名桥梁有丹麦大海带悬索桥、香港昂船洲桥斜拉桥、舟山西堠门悬索桥、上海卢浦大拱桥等。

（3）拉索风雨激振

斜拉桥长拉索在风雨环境下所发生的大幅振动，称为拉索风雨激振。引起这种振动的主要原因是在拉索表面形成了单一雨线或上下雨线。目前，我国规范还没有对这类振动问题做出较为明确的规定。斜拉桥拉索的节段模型风洞试验结果表明，拉索在风雨条件下的振动比干风（无雨）条件下的振动要剧烈得多。根据最新研究进展，影响拉索风雨激振的主要因素有拉索的空间姿态、拉索的几何尺寸及振动的风雨条件。

第一，拉索的空间姿态，一般可用倾角和偏角来表示。尽管在 25°~45° 倾角和偏角下的振幅有一定差别，但都发生了振动，而这个倾角和偏角范围是绝大多数斜拉桥无法回避的。

第二，拉索的几何尺寸，一般包括直径和长度。风洞试验结果表明，80 mm 以上直径、200 m 以上长度的拉索都可能发生风雨激振，这个直径和长度范围也是绝大多数大跨度斜拉桥（400 m 跨度）必须面对的。

第三，振动的风雨条件，一般可用风速和雨强来表示。风洞试验结果表明，5~15 m／s 的风速、5~60 mm／h 的降雨强度都可以引起拉索风雨激振，这个风速和降雨强度条件在我国大多数地区比较常见。

因此，大跨度斜拉桥的长拉索风雨激振的问题是一个设计师必须面对的普遍桥梁抗风性能问题，在概念设计阶段应尽早考虑对策。

第四节　大跨度桥梁施工抗风及精细化管理

一、大跨度桥梁施工抗风设计研究的重点

风作为大气活动的体现，同时也是不少灾难的幕后推手。在建筑工程的安全隐患中，风的影响尤为显著，特别是在大跨度桥梁工程方面。桥梁作为一个复杂的承载体系，与风的互动关系极为复杂。这种互动不仅受到桥梁结构外形、风速以及结构振动等多重因素的影响，更在这些因素的交织作用下，导致了桥梁安全事件的多发。风的作用会对大跨径桥梁工程的最终质量造成直接影响。由此可见，在大跨度桥梁施工过程中，做好施工抗风设计的研究是必要的。

大跨度桥梁施工抗风设计的主要工作聚焦于以下几个关键方面。

①首要任务是深入研究和获取当地的气象资料，这是为了准确确定基本风速和桥梁构件设计所需的基准风速。这些信息是后续抗风项目施工的基石。

②在得到设计基准风速后，需要进一步分析并确定作用在大跨度桥梁构件上的具体静阵风荷载情况。这一步骤为桥梁抗风施工提供了重要的数据支持，确保施工过程的合理性和安全性。

③对于大跨度桥梁而言，其基频的估算尤为重要。需要对大跨度桥梁的基频进行合理估算，并验算其静力稳定性。在确保大跨度桥梁在静态状态下具有足够的稳定性后，还需要进一步验算大跨度桥梁在动力作用下的响应，确保桥梁在各种情况下都能保持安全稳定。

④在大跨度桥梁工程的具体设计过程中，如果发现设计风速范围内出现了不可忽视的动力响应时，还应该采取相应的措施来提高大跨度桥梁的抗风性能。这通常包括气动措施（如改善桥梁形状以减少风阻）、结构措施（如增加桥梁的刚度和强度）以及机械措施（如安装阻尼器等）等多种方式，以确保大跨度桥梁在强风等恶劣天气条件下仍能保持安全和稳定。

二、大跨度桥梁施工抗风精细化研究与管理

（一）大跨度桥梁施工抗风精细化研究

同济大学自20世纪70年代末便投身于桥梁抗风研究的领域，经过20世纪80年代的扎实学习和追赶，为我国桥梁抗风技术奠定了坚实的基础。1991年，

上海南浦大桥——中国首座跨度超过 400 m 的大桥，在同济大学的抗风研究支持下成功建成。进入 20 世纪 90 年代，同济大学的桥梁抗风研究进一步深入，不仅为江阴长江大桥——我国首座跨度超过 1000 m 的特大桥提供了重要技术支持，还助力了多座大型桥梁的建设。

迈入 21 世纪，鉴于国家对大型桥梁建设需求的迫切性以及桥梁抗风科学研究领域的复杂多样，同济大学秉持创新精神，不断攻克关键技术壁垒，构建起一系列精细化的大跨度桥梁抗风理论体系。通过实地测量验证与随机性可靠性评估方法的综合应用，该校确保了其大跨度桥梁抗风设计的精准度与稳固性，为桥梁工程的安全与耐久性树立了新的标杆。

1. 三维颤振全模态精确分析

桥梁的颤振现象，作为一种具有发散特性的自激振动现象，历来是借助三维频域分析技术进行深入探究。此技术根植于结构模态叠加的核心理念，它要求分析者预先甄别出那些对颤振动态起主导作用的模态进行专门分析，这一过程也被业界称为多模态颤振解析法。自 20 世纪 70 年代末至 90 年代末，这一方法一直占据主导地位。

然而，它的主要局限性在于，分析前必须人为决定参与颤振的模态数量和类型。这种做法往往只能提供一种颤振模态的近似描述，而非精确解。理论上，虽然选择更多的模态进行叠加可以接近精确解，但多模态方法本身无法达到完全的精确性。

2. 斜风作用下抖振的频域分析

桥梁抖振，作为一种在自然风脉动影响下的随机性强烈振动，其特点在于其振动幅度受到一定限制。针对这种振动现象，研究者们发展出了一系列理论和方法，用于评估桥梁的抖振响应和刚度或强度的失效风险。

其中，传统上确定桥梁抖振响应的有效手段主要有两种，一是建立在正交风作用理论基础上的三维计算方法，二是利用缩尺模型进行的三维全桥风洞试验。然而，从理论层面剖析，桥梁所受风荷载的方向并不总是严格垂直于桥梁轴线，正交风模型的应用更多是对复杂风荷载效应的简化处理。同样，全桥模型风洞试验虽然作为验证手段有其价值，但真正的理论验证还需依赖实桥现场的实测数据。

3. 桥梁风振可靠性评价

在桥梁颤振与抖振的传统评估领域内，确定性安全系数法长期占据主导地位，其中颤振通过综合安全系数 K 的量化指标来评判，而抖振的评估则侧重于比较实际振动响应与结构承受能力（强度或刚度）的预设界限。然而，随着对桥梁抗风性能要求的提高，特别是考虑到风荷载的强随机性，这一传统方法显得力不从心。为了应对这一挑战，国际上率先推出了缆索承重桥梁风振可靠性评价体系，这一体系包含了桥梁颤振失稳和抖振失效可靠性评价方法。

在探讨桥梁颤振失稳可靠性的学术理论内，颤振极限状态方程迎来了其创新性的表述形式，该方程将临界风速抗力与设计风速效应之间的差值作为核心。为了更准确地评估颤振失稳的风险，分别提出了设计风速概率模型和临界风速概率模型。

$$U_\delta = G_s U_b \qquad (4\text{-}20)$$

$$U_{cr} = G_w U_f \qquad (4\text{-}21)$$

式中，G_s——阵风系数，服从正态分布；

U_b——年最大风速，服从极值 I 型分布；

G_w——风速换算系数，服从均值为 1 的正态分布；

U_f——基本颤振临界风速，服从对数正态分布。建立了基于一次或二次二阶矩可靠度理论的桥梁颤振失稳概率计算方法，成功应用于多座大跨桥梁建设中。

（二）大跨度桥梁施工抗风精细化管理

在大跨度桥梁的抗风施工中，倡导并实践了精细化的管理模式。这种模式的核心在于将管理责任细分至个人，确保每一个人都成为这一过程中的关键节点。这种转变将传统的宏观管理方式细化至微观层面，使得每一个细节都能得到精确把控。通过这种由整体到局部，再由局部反馈至整体的循环管理，可以实现施工责任的清晰化、具体化。这种全员参与的管理模式，不仅提升了施工质量，还确保了大跨度桥梁抗风施工的顺利完成。

1. 施工前精细化管理

（1）改进施工方案

在大跨度桥梁的抗风施工过程中，需要进行施工方案的改进，主要体现在以下几个方面。

首先，是深入理解设计图纸，确保各项数据准确无误，并明确设计者的初衷。特别要仔细审核桥梁的抗风设计，确保其符合规定的抗风标准。这包括对桥梁抗侧风与抗升力设计的严格评估,旨在保障桥梁在极端风况下的侧向稳固性,并预防升空现象的发生。

其次,要确保实时跟踪并记录现场的实际施工进度量,与预设设计图纸中的工程量进行详细比对。一旦发现两者之间存在差异,应当立即向项目管理及设计团队汇报反馈。

最后,在技术方案的选择上,运用网络优化的策略,实现人力与物力的最优化配置,筛选出既经济又高效且符合设计要求的方案。例如,在大跨度桥梁抗风施工过程中,可以对水泥的调配进行细致优化,并合理安排张拉机械的使用,确保多个施工环节的协调进行。

(2)查清施工地区的地下条件

针对大跨度桥梁的抗风设计与施工,前期的地质勘探工作不可或缺,它要求深入勘察施工区域的地下状况,清晰界定土壤构成与特性。这一过程旨在避免因地质因素导致的施工困难,保障工程的顺利进行。同时,在实施此类复杂工程前,必须牢记以下两大要点,它们是确保桥梁抗风性能与整体结构安全性的关键环节。

首先,明确桩基础所在位置的地质水文条件,在交底中明确情况以及施工中可能存在的问题,以及可能遇到的风振动力作用,将责任明确到施工负责人和安全员,设置专门的监督员。

其次,对桥梁所在地的风速、风向、风场特性等进行详细的评估。这通常基于当地的气象数据、历史风灾记录以及现场观测数据。

(3)合理使用配置机械设备和采购材料

在大跨度桥梁的抗风建设中,施工机械和设备的租赁、使用成本显著,且受油价波动影响较大。因此,为确保项目成本控制得当,制订详尽的机械使用规范以及使用计划至关重要。在制订这些规范和计划时,首先要考虑的是施工安全及其进度,力求在两者之间找到最佳平衡点,同时实现资源的优化配置,有效避免机械设备的不必要闲置和浪费。

施工前期的准备工作中,编制翔实且周全的供应与采购计划是关键一步。由于施工材料费用是项目成本的主要组成部分,因此,在规划时必须全面考虑项目的质量需求。基于这些要求,应尽早启动材料的筹备工作,并适当提前采购,以确保材料供应的即时性和充足性,从而避免可能因材料不足而导致的工程进度受阻。例如,根据抗风设计要求和施工环境,选择合适的建筑材料。对于橡胶支座,需要确保其具有足够的变形能力和耐久性；对于钢桥墩支座，需要考虑其刚度和强度。

2. 施工中的精细化管理

（1）强化工序控制和质量控制

在大跨度桥梁抗风施工现场，各个作业流程环环相扣，每一道工序都承载着对后续工序的责任，同时也受到前一道工序的影响。一旦在施工过程中遭遇挑战，可以采用"市场链"的思维方式，迅速定位责任方，并提出针对性的解决方案。以大型桥梁的抗风施工为例，从每个桥段的模板安装并通过质量检查，到钢筋笼的精确绑扎，再到标高核对无误后的混凝土浇筑，直至最后的预应力张拉，每一步都紧密相连，形成一条清晰的责任链。一旦某个环节出现问题，责任归属一目了然，必须确保所有步骤都符合抗风设计的严格标准。

大跨度桥梁抗风施工中的质量控制是确保桥梁在强风环境下稳定性和安全性的关键步骤。要根据抗风设计要求和施工环境，选择合适的建筑材料。

（2）从细节抓起，实现全方位优化管理模式

全方位优化管理模式是桥梁施工精细化管理的方法，在大跨度桥梁抗风施工过程中同样适用，全方位优化即"每日任务当日完成，每日清理确保提升"，强调当天工作当天毕，日日保持清洁与效能的提升。

这种管理模式体现了对资源的高效利用，从办公耗材、生产器械到生活设施，均鼓励节俭使用，积极响应构建节约型社会的号召。更为显著的是，它在潜移默化中削减施工项目的开支。通过在各施工小组与作业队伍引入全方位优化可视化管理系统，确保每个环节责任到人，每位员工职责分明，并赋予他们自我审视与优化的职能。施工现场，能够做到设备布局井然有序，环境保持清洁；物料摆放讲究逻辑，标识醒目，以便进一步提升作业效率与成本控制水平。

3. 施工后期的精细化管理

（1）做好施工后期的管理

在大跨度桥梁的抗风性能保障中，施工后期的管理是一个不容忽视的关键步骤。在正式验收之前，需要进行深度的自我审核和反思。这要求必须对桥梁的抗风施工项目进行全面的自我检查，确保及时发现并处理任何潜在的问题。同时，还需要对相关的行业资料进行细致的整理，对于不完整或缺失的部分，必须立即补充或重新整理，以确保资料的完整性和准确性。

（2）做好结构状态监测管理

基于大跨度桥梁抗风施工的要求比较高，需要进行施工后的结构状态监测。例如，通过安装应变计、振动传感器等设备，实时监测桥梁的变形、应力和振动等结构状况。这有助于及时发现并处理潜在的安全隐患。

第五章　转体桥施工的基本内容

转体桥施工作为一种现代桥梁建设的先进技术，已经广泛应用于跨越深谷、河流、铁路等复杂地形和交通要道的桥梁建设中。其独特的施工方法和显著的优势，使得转体桥施工成为现代桥梁工程领域的重要研究方向。通过对转体桥施工的基本内容进行系统化的介绍，有助于工程师和其他从业人员更好地理解和掌握转体桥施工的要点和技术要求。基于此，本章主要围绕转体桥施工的重难点、转体桥施工的关键技术、转体桥施工的过程监控展开研究。

第一节　转体桥施工的重点和难点

一、转体桥施工概述

转体桥施工属于桥梁施工中一种常用的方法。在施工过程中，根据转动方向的不同分为水平转体法、竖向转体法和平－竖组合转体法三种。就以上三种方法而言，以水平转体法应用最为广泛。而水平转体按转动铰位置又可分为墩底转体、墩中转体和墩顶转体，其中以墩底转体应用较为广泛；按转动系统又可分为平铰转体、球铰转体和以转体支座为主的两点支撑转体；按桥梁类型亦可分为连续梁转体、T形刚构桥转体、拱桥转体、斜拉桥转体及钢桁梁转体等。竖向转体按照竖转方向分为正角度转体和负角度转体。

（一）水平转体

水平转体法是一种桥梁建设技术，其特点在于先构建一个对称结构的桥梁，然后在对称面上将结构一分为二。在两半结构周围分别搭设支架，并进行两个悬臂结构的施工。此时，这两个悬臂结构并未处于最终的设计桥位上。

待悬臂施工完成后，利用专门的转体系统，将两个悬臂结构精确地转动到预定的设计桥位上。最后，进行两个悬臂结构的合龙并封固转盘，从而完成全桥的施工。水平转体可以根据转动位置的不同、所使用的转动系统的差异以及桥梁类型的差别进行分类，以适应不同桥梁建设项目的需求。

1. 按转动位置划分

（1）墩底转体

墩底转体涉及在桥墩的底部设置转动铰，确保桥墩与梁体在转体过程中保持同步运动，主梁与桥墩之间不发生相对转动。

墩底转体通常是在上、下层承台之间或者承台与墩底之间设置平转系统。当桥梁的梁体浇筑完成，并与墩身固结或临时固结成一个整体后，通过启动平转系统，桥墩与梁体便能共同围绕承台进行旋转，实现桥梁梁体的精准转体。由于墩底转体将桥墩和桥梁梁体一起转动，所以转体质量较大，成本较高，适用于施工场地条件好、墩身矮、墩身与梁体刚性连接的桥梁。

（2）墩中转体

墩中转体的转动铰布置在墩身中部，梁体及部分墩身转动，解决了墩底转体重量过大、重心过高、易倾覆的问题，同时可避免墩顶转体构件和墩顶支座安装施工相互干扰。采用墩中转体施工法时，由于墩身顶面空间较小，不能满足转体下部结构的施工，因此需在墩身四周搭设施工作业平台，后续连续梁施工也可以利用该作业平台进行 0 号块施工。

（3）墩顶转体

墩顶转体的转动铰布置在墩身顶部，只需梁体转动，墩身位置保持不变。对于连续梁来说，这样大大减轻了转体重量，转体平稳度及转体安全得到有效控制，施工成本也能够有效降低。因此，墩顶转体也是跨既有铁路线高墩连续梁转体施工的一种值得优选的施工方案。

2. 按转动系统划分

水平转体中转动铰按结构形式主要分为平铰、球铰、转体支座，具体阐述如下。

平铰结构上半部和下半部之间的滑动面为平面，类似机械工程中的平面摩擦。

球铰结构上、下球铰的接触面为球面，确保了转体过程中对中性能的高度一致性。转体支座是由上支座板、转轴、耐磨板、下支座板、螺栓、锚碇钢棒等关键部件组成，它在转体过程中不仅起到关键作用，转体结束后还能作为桥梁的支座继续使用，实现了功能的双重利用。

在球铰体系中，转体的主要重量几乎完全由位于体系中心的钢球铰承载。在正常运作状态下，撑脚所承受的力微乎其微，甚至可能完全不受力。然而，撑脚的核心作用在于提供额外的稳定性，确保整个结构在转动过程中不会倾覆，并且能够有效地控制滑片在转动过程中产生的应力，从而保证整个系统的平稳运行。

平铰和球铰的上、下转盘通常采用钢板制作，其间的核心部分是聚四氟乙烯滑片与不锈钢板。为了保证滑片的稳定，将限位钢板安装在下转盘上，以固定聚四氟乙烯滑片。

根据受力特点，平面转体体系可分为由中心钢球铰单点支撑的球铰体系和由中心球铰与撑脚共同支撑的环道体系。

3. 按桥型分类

（1）连续梁转体

连续梁转体是指采用转体法施工的连续梁、连续刚构，多采用水平转体施工工法，主要解决跨越既有铁路、公路等施工问题。一般将连续梁从跨中分成两个半跨，在承台上设置转动系统，并完成上部半跨悬臂桥施工，待混凝土达到设计强度后脱架，用牵引系统牵引转盘，使桥体上部结构平转至对岸成跨中合龙，再浇注接头混凝土，达到设计强度后，封固转盘，完成施工。

（2）T形刚构桥转体

T形刚构桥转体主要涉及采用转体法施工的T形刚构桥，多为单墩水平转体或公路桥梁双幅同步转体，主要解决跨越既有铁路、公路时跨径不大，单跨梁即可跨越的施工问题。一般在既有线一侧设置转动系统，并完成上部半跨悬臂桥施工，待混凝土达到设计强度后脱架，用牵引系统牵引转盘，使桥体上部结构平转跨越既有线至另一侧形成T形刚构桥。

（3）拱桥转体

拱桥转体充分利用两岸的有利地形，通过搭建简易支架进行拱肋的浇筑或拼装。在施工过程中，桥梁结构本身即作为施工设施，通过平转、竖转或两者组合的转体方式，将拱肋合龙成完整的桥梁结构。后续的施工工序便可在无支架的情况下顺利进行。这种转体技术巧妙地将原本需要高空或水上进行的作业转移到了岸边和陆地上，从而避免了干扰既有线路的交通运输。同时，它还能轻松地跨越各种不利的地形和环境，施工简便、质量可靠且成本较低。

（4）斜拉桥转体

斜拉桥转体主要聚焦于采用转体法施工的斜拉桥。这种桥型利用斜拉索提供的多点弹性支承，显著减少了主梁的弯矩和挠度，从而赋予了斜拉桥更强大的跨越能力。与此同时，由于主梁的高度设计得相对较低，它能够有效满足桥下交通运营所需的净空需求，确保交通的顺畅与安全。鉴于这些优势，在跨越既有较宽铁路、公路线路的城市桥梁设计中，转体斜拉桥常常被视为一种首选的桥型。除此之外，转体斜拉桥还以其美观的造型而成为标志性建筑，成为城市独特的风景线。

（5）钢桁梁转体

钢桁梁转体主要涉及采用平转法施工的钢桁梁，在既有线侧采用支架法高位拼装钢桁梁，然后通过一端设置的转动铰及另一端设置的长距离滑道，水平转体到指定位置后落梁就位。

（二）竖向转体

按照竖转方向，可将转体桥施工方法分为正角度转体和负角度转体。正角度转体是在低位浇筑或拼装梁体结构，然后向上提升到设计位置合龙。负角度转体是在竖向拼装或浇筑梁体结构，然后向下旋转至设计位置合龙。

竖转施工体系主要由竖转桥梁结构、竖转铰、索塔、缆风系统、竖转提升系统构成。部分拱桥施工采取二次竖转的方式。

（三）平－竖组合转体

平－竖组合转体法是继竖转与平转之后的又一种推陈出新的转体桥施工方法，是这两种方法完美的结合，是转体桥施工技术和工艺成熟的标志。此转体法通过竖转可将高空作业变为低空作业，通过平转又能跨越障碍物，更加有效地利用了地形条件。平－竖组合转体法兼顾了水平转体和竖向转体的特点，在大跨度拱桥转体施工中得到了广泛应用。

二、转体桥施工的主要重难点

第一，为解决转体平衡问题，需要在长臂端设置转体辅助支撑，通过辅助支撑上的小车滚动带动桥梁转体，该转体方法在国内外首次使用，因此转体辅助支撑轨道梁变形、转体系统安全平稳运行、钢箱梁转体过程中应力变化控制、钢箱梁转体合龙精度控制是转体桥施工工程的重点和难点。

第二，转体桥为左右两幅桥同时在同一个主墩顶转体，左右幅桥为分幅布置，在墩顶球铰处两幅桥通过横梁连接在一起，其余地段左右幅均分离。为保证在转体过程中左右幅桥面稳定与平衡，控制桥梁横向变形也是转体桥施工工程的一个难点。

第三，转体桥转动过程中经过的线路上方可能会有高压接触网分布，因此转体过程中对桥梁下方的车辆行车设备防护也是一个重点，需要采取措施防止异物侵限。

第四，转体桥的施工及转体过程对环境条件和天气状况有着极高的敏感性。因此，在进行转体施工前，必须预先了解和掌握当地的气象信息，以减轻大风等不利天气因素对转体工作可能造成的严重影响。同时，为确保施工过程的顺利进行，需要预先设计并准备好有效的应急预案，以应对可能出现的突发状况，从而确保转体桥施工的安全与高效。

第五，转体桥因其邻近既有铁路线路，转体施工的各个环节都需要与铁路部门提前细致沟通，确定最佳施工时间。致力于将线路封闭时间缩短至最少，同时确保施工过程对既有线路的干扰达到最低。为此，在转体桥施工开始前和施工期间，要严格把控施工工序的完整性和流畅性，以确保施工顺利进行。基于此，0号块托架、边直段支架、基坑防护设计等关键部位的施工组织方案，必须精心规划并严格执行，以确保整个施工过程的安全与高效。

第六，鉴于施工地点紧邻既有线路，在进行承台开挖时，除了关注基坑的防护工作外，还需高度警惕开挖作业对既有线路可能带来的潜在影响。因此，将实施严格的沉降监测，严密监控路基下沉情况，以避免对既有线路造成安全风险。

第七，球铰钢筋在桥梁转体过程中扮演着至关重要的角色，它直接关系到球铰能否均匀受力以及桥梁是否实现成功转体。由于球铰钢筋结构复杂，施工时的定位精度难以掌控，加之钢筋工程量大，增加了钢筋间碰撞的风险。此外，在施工过程中对球铰的安装精度有较高的要求，可以说，其精准定位是转体桥施工中的一大重难点。因此，必须预先制订详细的组织方案，并准备相应的应急保护措施，以确保球铰的精准安装，并准备好备选方案以应对可能出现的问题。

第八，在转体桥的建设中，桥梁模板的质量及其安装精度对球铰的性能有着直接影响。模板的质量不达标或安装不当，可能会导致球铰受到严重损害，甚至达到报废的程度。因此，对桥墩模板的设计、计算及安装提出了极高的要求。在施工之前，必须确保桥墩模板的最优方案得到精确确定，以保证模板的质量符合标准，安装过程准确无误，从而保障整个转体桥的安全性。

第九，转体桥因其独特的地理位置和复杂的结构特点，使其工程量统计工作变得尤为繁重。同时，为了确保转体桥的稳定性和安全性，其可视化精度要求远高于普通桥梁。因此，在施工前，必须对施工场地进行精确布置，并确保整体施工工序流程的精确性，从而为转体桥的顺利建设奠定坚实基础。

第二节 转体桥施工的关键技术

一、桥梁转体系统施工技术

桥梁转体系统施工方面涉及以下两项关键技术：①球铰的安装与施工技术；②转盘施工技术。

（一）球铰的安装技术

在转动支承体系中，球铰无疑是其核心组件。当前，球铰主要分为混凝土球铰和钢制球铰两大类型。一般而言，混凝土球铰因其特性更适用于小吨位的转体操作，而对于大吨位的转体需求，钢制球铰则因其高强度和稳定性成为首选。此外，一些高性能混凝土球铰还处于研究阶段，距离实际应用还有很长的路要走。

1. 下球铰安装技术

首先，球铰出厂前要进行验收，验收合格方可出厂，各部分施工误差符合规范要求：①确保球面表面的粗糙度 R_a 值不超过 12.5 mm；②球面各区域的曲率必须保持高度一致，具体要求为曲率半径的差异控制在 ±0.5 mm 的微小范围内；③边缘各点的高程差应严格控制在 1 mm 以内；④整体球面形状需符合椭圆度标准，即其最大椭圆度偏差不得超过 1.5 mm；⑤所有镶嵌的四氟板顶面必须精确位于同一球面上，且该球面与理想球面的误差不得超过 0.2 mm；⑥球铰结构的上、下锅形心轴以及球铰转动中心轴必须严格重合，以确保球铰在运转过程中的稳定性。

其次，球铰抵达现场后，先利用吊车稳妥地将其吊起，并精确地放置于预先安装好的球铰骨架之上。随后，进行细致的对位操作，确保球铰上的螺栓孔与球铰骨架上的对应螺栓孔完全对齐。接下来，利用骨架上配备的微调细纹螺栓，对球铰进行水平度的精细调整，直至达到要求，即确保下球铰顶面圆周误差严格控制在 1 mm 以内。在完成球铰的水平调整后，进一步进行中心轴的安装准备。此时，需将中心轴的预埋套筒进行精确定位，并采用适当的固定措施确保其稳固。这一步骤至关重要，因为它直接关系到后续中心轴转动的顺畅与否。

最后，安装转体滑道转盘，滑道转盘采用厂内加工。由于直径较大，采取分为对称两段的方法加工，并严格按操作规程进行焊接，使焊缝表面平整、密贴。

2. 上球铰安装技术

滑动片安装完成后，首要任务是确保一切滑动片的顶面精确地共处于同一球面之上，且此共球面度的误差需严格控制在 0.2 mm 以内。通过详尽检查并确认符合此标准，接下来便是将一层黄油聚四氟乙烯粉均匀且细致地涂抹在滑动片相互接触的球面上。涂抹时需注意，既要确保粉末充分填满滑动片之间的微小空隙，又要使其略微溢出滑动片的顶面边缘，从而在滑动片的顶部表面形成一层均匀且有效的保护薄膜。涂抹完成后，必须禁止任何杂物进入球铰内部，并尽快完成球铰的安装。

在整个安装流程中，必须持续维护球面的清洁状态，严禁任何杂质或污染物附着其上，以确保安装质量与设备性能。随后，进行上球铰组件的装配工作，准确地将两段销轴套管对接，并使用高强度螺栓进行紧固，确保连接处稳固可靠，无松动现象。紧接着，将一层黄油均匀地涂抹于钢盘的凸球面上，以起到润滑与防锈的双重作用。然后再利用手拉葫芦这一工具，对上球铰进行细微的位置调整，通过精确的操作与反复的校验，确保上球铰与下方的钢盘凸球面实现完美对中。上球铰精确定位后，进行临时锁定限位，并将多余的黄油清除掉。最后，使用胶带在上下球铰的吻合面内外周进行缠绕密封，以确保球铰的摩擦部分免受泥沙或杂物的侵入。

（二）转盘施工技术

上盘撑脚，作为转体过程中的关键稳定装置，是确保转体结构平稳运行的保险腿。基于转体时保险腿所承受的力学特性，设计将转台上对称布置的两个保险腿的中心线精准地与上盘的纵向中心线相重合，这样的布局使得保险腿能够均匀且对称地分布在纵轴线的两侧。[①]进一步地，在撑脚的下方（下盘顶面）特别设计滑道结构。这一设计允许在转体过程中，保险撑脚能够沿着滑道顺畅地滑动，有效地调节并维持转体结构的平衡状态。施工过程中需严格控制整个滑道面的水

---

① 刘璐，张守城，陈丽军. 某桥梁转体系统的局部应力分析 [J]. 城市道桥与防洪，2019（2）：85−87，12.

平度，确保其在同一水平面上，且各点之间的相对高差严格控制在不超过 2 mm。

每个上盘底部均配备有撑脚结构，这些撑脚为双圆柱形，其底部则巧妙地设置厚度为 30 mm 的钢制走板，以增强承重与稳定性。双圆柱体实际上由两根精心挑选的钢管构成，而在这两根钢管内部，则灌注高强度的 C50 无收缩混凝土。为了确保撑脚的高质量与精准度，整个制造过程均在工厂内严格把控下完成，随后经过精细的包装，被安全无误地运送至施工现场。在安装阶段，需等待下盘混凝土完全灌注并达到规定强度后，方可进行上球铰的安装作业，紧接着再进行撑脚的安装。为方便日后的拆除工作，撑脚钢走板下方特地设置 3 cm 厚的砂箱作为支撑。

为了确保上下承台在施工过程中的稳定性，采用临时锁定装置。这一装置由两根对称布置的工字钢构成，它们深入下承台 50 cm，并在上承台内预埋 50 cm 的长度，每根工字钢的长度为 2.7 m。当上下承台施工完成后，这些工字钢将用来有效固定上下承台的相对位置关系。而在转体操作前，会精确割除这些临时锁定的工字钢。

二、重心确定及配重技术

（一）重心确定技术

平衡转体体系的转体桥是指转动体系的重心精确置于下盘转动磨心球铰之上的特殊桥梁结构。这种转体桥分为两种类型：一种是基于桥梁结构自然对称性的设计，通过在对称轴上设置转动磨心来构建转动体系，从而实现桥梁的转体；另一种则需要专门配置平衡重以确保转动的平稳进行。

为了确保转体桥在脱离支架后至转体合龙前的整个过程中能够安全、稳定地进行，避免结构在转动时发生严重倾覆问题，必须对半跨桥体结构在转动体系中的重心位置进行精确计算。这一计算关键在于确保半桥结构的重心偏离磨心的距离处于设计要求的容许范围之内。

对于重心的确定，可以采用多种方法，如分块技术、基于有限元的重心确定技术等，这些方法能够精确地计算出桥梁结构的重心位置，为转体桥的安全转体提供有力的技术保障。

1. 分块技术

当前广泛采用的技术策略，是将复杂的桥体结构拆解为多个独立的单元，即进行离散化（分块）处理。随后，针对这些分割后的部分，逐一进行详尽的计算，主要聚焦于它们各自在磨心前后位置对磨心产生的力矩。接下来，关键在于将磨心前后所有部分计算得到的力矩进行汇总，采用代数和的方式，以求得整个桥体在磨心处产生的不平衡力矩总量。最后，将计算出的不平衡力矩总量，除以半桥体的总重量，通过这一比例关系，能够准确地确定桥体结构相对于磨心球铰的偏离距离，从而为后续的调整或校正工作提供有力的数据支持。然而，这种基于传统力学原理的重心测算方法工作量大，且易于产生误差，因此需要进行多次反复的校核以确保结果的准确性。

2. 基于有限元的重心确定技术

转体桥可采用有限元软件 MIDAS/Civil 建立桥梁转体结构模型。以异型转体桥为例，梁体为单箱五室结构，建模时将梁体从腹板中间分开，建立五片单箱单室的分梁模型。每片梁体之间采用无质量的工字型横向连接板进行横向连接，连接板的板厚与该处箱梁梁体的顶板及腹板厚相同。进行不平衡力矩计算时，在桥墩中心位置下取一支点，在该支点横桥向、纵桥向两个方向各加两支点，支点用无质量刚度极大的刚臂连接。根据计算出的支反力差值与两支点距离的乘积确定不平衡力矩的大小，计算出偏心距 e，确定转体梁重心。大致步骤如下。

①根据图纸对箱梁梁体进行划分，梁体从腹板中间分开，划分为五片箱梁。

②在 MIDAS 里面定义各构件材料特性，箱梁采用 C55 混凝土，纵向预应力筋采用公称直径 15.2 mm 高强低松弛钢绞线，横向连接板无质量，容重设置为 0 kN/m³，按照实际情况定义相应的截面材料特性。

③根据图纸画出梁体关键截面，进行截面特性计算，导入 MIDAS。定义各构件截面特性，建立关键节点，连接各单元。五片分梁之间采用无质量的横向连接板相连。添加约束，施加结构自重。

④进行不平衡力矩计算，在桥墩中心位置下取一支点，五片箱梁梁体与支点约束，在该支点横桥向、纵桥向两个方向各加两支点，支点用无质量刚度极大的刚臂连接，据计算出的支反力差值与两支点距离的乘积确定不平衡力矩的大小，计算出偏心距 e，确定转体梁重心。

根据有限元模型计算，可知偏心距公示如下。

$$e = \frac{F_1 \times d - F_2 \times d}{G} \quad (5\text{-}1)$$

式中，e——转体梁偏心距；

F_1、F_2——纵桥向和横桥向的支点反力；

d——支点距墩中心距离；

G——转体梁总重。

将计算的支反力代入上式，支点距墩中心的距离取固定值，计算得到纵桥向和横桥向偏心距。

（二）配重技术

为了保持转体过程的稳定安全和达到转体平衡的目的，需进行配重用以抵消不平衡力矩。常用的配重方案有梁体绝对平衡配重和梁体纵向倾斜配重两种。绝对平衡配重是在转体之前为梁体添加适当的额外重量，确保桥墩两侧的梁体在自重上达到基本平衡。梁体纵向倾斜配重，则要求在桥梁转体的过程中，梁体沿其纵轴方向微微倾斜，具体来说，这意味着在梁轴线上，桥墩一侧的撑脚需要被放下并与滑道接触，而另一侧的撑脚则相应地抬起，脱离滑道。[①] 这种倾斜配重的设计巧妙之处在于，它使转动体在竖平面内形成了两个稳定的竖向支撑点。这样的布局不仅提高了桥梁转动的可控性，还显著增强了转动体在转动过程中竖平面内的稳定性，确保整个转体过程的安全和顺畅。

第三节 转体桥施工的过程监控

一、施工过程监控的目标和体系

（一）监控目标

第一，通过实时监测桥梁结构的各项指标，进行详尽的数据分析，并与设计理论值进行比对，从而验证各项设计假定的合理性，并确保设计的可靠性。同时基于这些分析结果，为转体桥梁的安全性提供坚实保障，为施工提供准确的立模标高，确保转体桥梁线形的精准。

第二，对设计参数进行细致的校核，为转体桥施工过程中的各个阶段提供理想的线形和内力数据作为参考。通过对比实际施工各阶段的实测数据与理论预期值，能够准确识别并调整结构参数，以更精准地预测转体桥的最终状态。同时，

---

① 李建存.中宁县石碱公路上跨包兰铁路立交桥转体桥结构转体称重实验[J].民营科技，2014（9）：179-180.

在这一过程中提供必要的控制数据，为施工团队提供及时反馈，确保整个施工过程能够按照预期目标顺利进行。

（二）监控体系

为有效地开展施工过程监控工作，在转体桥的施工过程监控中需要建立如图5-1所示的施工过程监控体系。

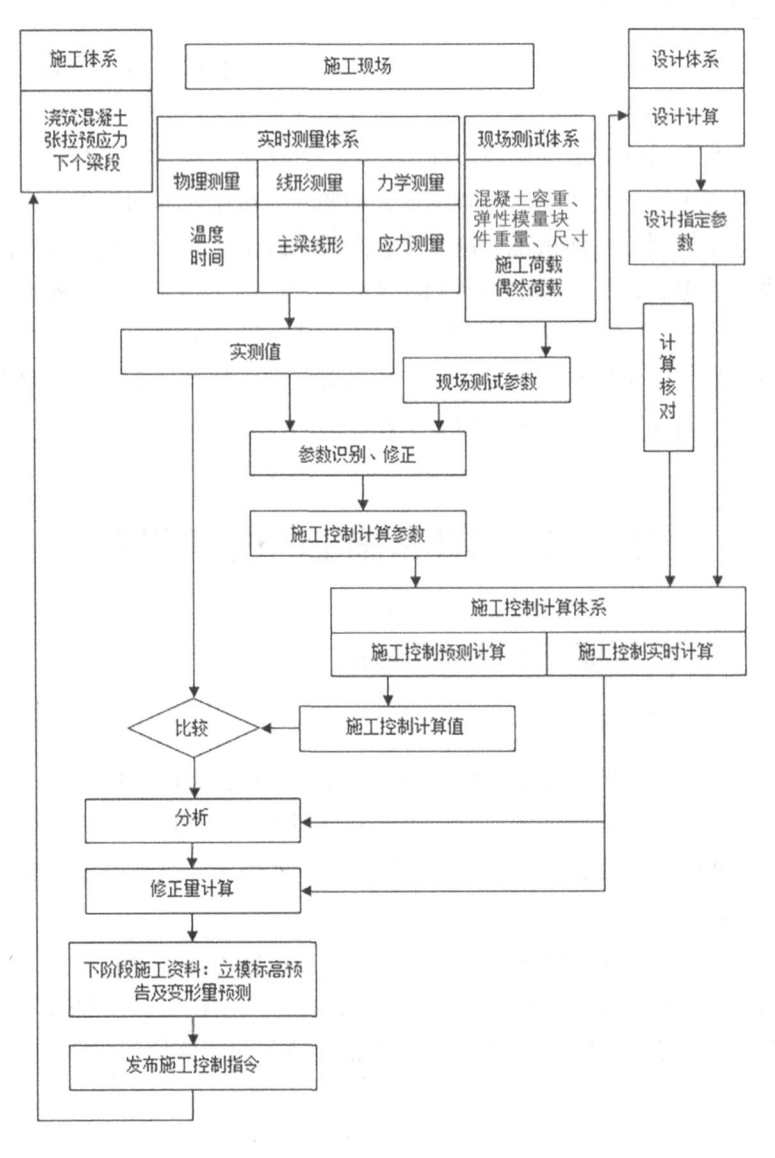

图 5-1　施工过程监控体系

二、施工过程监控的计算方法和影响因素

为了实现转体桥施工过程的严密监控,确保桥梁结构的稳定性和安全性,必须对每个施工阶段的受力状态和变形情况进行详尽的预测和持续的监控。为实现这一目标,需要借助科学的分析理论和精确的计算方法,以明确转体桥梁结构在各个施工阶段的理想受力与变形状态。

结构计算在施工过程监控中扮演着至关重要的角色,它不仅能够全面描述整个施工流程,准确反映结构在各个阶段的受力行为和变形状态,还能为监控提供明确的中间目标状态,确保施工过程的精确控制。

(一)施工过程监控中的结构计算方法

现阶段转体桥施工过程监控的计算方法主要包括:前进分析法、倒退分析法、前进-倒退分析法。

1. 前进分析法

前进分析法是一种基于转体桥施工顺序的模拟方法,它按照预定的施工步骤,逐一计算每个施工阶段中结构的内力和位移。该分析法的显著特点在于,随着施工阶段的逐步推进,桥梁的结构形式、边界约束条件以及所承受的荷载形式都会发生相应的变化。此外,前期结构可能产生徐变效应,这将导致结构的几何位置发生微调。因此,每一阶段的结构状态都是基于前一阶段的分析结果,这种累积性的分析方法能够更准确地模拟转体桥梁结构的实际施工过程,从而提供更为精准的施工指导和决策依据。

前进分析法是设计单位设计转体桥时采用的分析方法,若独立地将其用于施工过程监控,则存在一定的局限性,因为施工中的各种误差,必然使前进分析法的结果偏离设计的理想状态,因此,转体桥施工过程监控中需要结合其他方法。

2. 倒退分析法

前进分析法能够严格遵循预先规划的施工序列,逐阶段深入剖析并预测结构内部力的变化。然而,值得注意的是,现实施工环境复杂多变,结构节点的坐标往往会随施工进展而动态调整,这可能导致最终构建完成的结构线形与设计蓝图之间存在一定的偏差。针对采用分段施工策略的转体桥梁工程而言,为了确保桥梁竣工后能够精准地保持设计线形,将预拱度设置这一关键技术措施巧妙地引入施工过程中。预拱度的科学确定,依赖于对施工结构理想化状态的全面把握与深

刻洞察之上，它要求施工团队在施工过程中，必须清晰明了地掌握每一阶段施工结构应达到的理想位置及其受力状况，以确保转体桥梁在成桥后其线形和受力状态均能与设计要求相符。

倒退分析法能够巧妙地利用结构的逆向拆解过程，有效应对施工过程中的复杂挑战。其核心思路在于，首先设定一个基准状态，即假设在 $t=t_0$ 时刻，结构的内力分布严格符合前进分析法在 t_0 时刻的计算结果，同时其轴线形态也精准地满足设计线形的标准。以此为起点，逆向执行前进分析的步骤，对结构进行逐步拆解，并在此过程中细致分析每一次拆解操作对剩余结构所产生的影响。同时，在拆解的每一个阶段内，所计算得到的内力状态与结构位移，实际上就是该阶段结构在理想施工状态下的应然表现。值得注意的是，在进行倒退分析时，初始状态并非凭空设定，而是必须依赖于前进分析法的结果来精确确定。在初始状态中，各杆件的轴线位置更是能够直接取用设计所期望的目标位置，以确保分析的准确性。

倒退分析法用于钢结构等材料转体桥的施工过程监控是比较方便的。对于混凝土桥，混凝土的收缩徐变计算是影响倒退分析的关键原因。混凝土的收缩徐变与结构的形成历程有着密切的关系，徐变不仅与混凝土的龄期，而且与作用在混凝土构件上的应力有关。由于目前的收缩徐变计算理论均不能用于计算"负时间"效应，因此，倒退分析法无法直接进行混凝土收缩徐变计算，只能采用间接的办法进行处理。

3.前进－倒退分析法

如前所述，倒退分析可方便地获取某种施工状态的线形目标，但对于混凝土桥梁，它不能直接考虑收缩徐变的影响，为此，以设计的理想状态为目标，综合前进分析法和倒退分析法进行迭代分析，形成前进－倒退分析法，这是转体桥施工过程监控中常用的方法。

（二）施工过程监控计算影响因素

设计的理论计算分析以追求经济、合理、安全为目标，以设计的结构、尺寸、拟定的施工工艺和规范规定的物理力学特性值为基础开展力学计算，因此其力学分析的输入值为已知的定值。而转体桥施工过程监控计算中，是以理论与实际相吻合为目标，上述的这些"定值"大都转换为随机值，它们构成了施工过程监控分析的影响因素，可归结如下。

1. 施工方案

在进行转体桥的施工过程监控计算之前,鉴于其恒载内力深受施工方法和架设顺序的影响,必须首先对施工图纸和施工组织设计进行详尽的了解。这一过程中,对施工方法和架设程序的深入研究尤为关键,它有助于更准确地预测和计算主梁架设期间所承受的施工荷载。

2. 混凝土收缩徐变的影响

混凝土的收缩徐变对转体桥变形的影响很大,在超静定结构中可能使结构引起二次内力,分阶段施工的转体桥梁,各阶段混凝土尚存在龄期差,加大了计算的复杂性,在施工过程监控分析计算时必须依据实际工期计入混凝土收缩徐变对内力与变形的影响。

3. 温度

大跨度转体桥梁对温度荷载比较敏感,温度对结构的影响也是复杂的。通常的做法是以年温差变化考虑均匀温差的影响,以日照温差考虑梯度温度的影响。年温差取当地值,日照温差则通过现场测量,以提高取值精度,减小影响。

4. 尺寸与材料指标

设计的理想转体桥成桥状态是依据设计的尺寸、规范规定的材料取值获得的,而施工中这些指标均具有一定的随机性,如混凝土弹性模量、结构尺寸等,施工过程监控计算中宜采用现场实测值,以提高监控计算精度,特别是混凝土弹性模量,现场实测值往往大幅度高于规范理论值。

三、施工过程监控的一般规定

第一,监控单位应根据转体桥施工工艺及施工质量确定桥梁预拱度数值及桥梁线形,建设单位组织设计单位、监理单位及专家论证。

第二,监控单位应选取一定的控制性断面埋设相应的测定,包括应力测点、温度测点及变形测点等。

第三,监控单位在现场应实测混凝土弹性模量、重度和热膨胀系数;测定钢绞线弹性模量、管边应力摩阻损失;测定施工荷载、作用位置。

第四,在转体桥施工过程中,应坚持监控单位与施工单位背靠背独立测量,在日出前进行。若双方结果有出入,应及时查找原因,并重新测定出正确数据。

第五,应根据实测数据,对立模标高、施工荷载误差、预应力张拉误差、混凝土弹性模量误差、温度影响、徐变误差、测量误差及计算图式的影响进行分析，并对其修正，向施工单位提供立模高程和各截面预留位移。

第六，监控单位应定期向建设单位提交阶段性监控成果报告，交工后提供最终监控报告，及时归档，以便运营期监测的使用。

四、施工过程监控仿真分析

转体桥的上部结构施工被划分为四大关键阶段：支架拼装、支架拆除、转体操作及顶升合龙。在这些阶段中，结构体系会经历多次转换，直至最终成型，这一过程既漫长又复杂。鉴于此，为了确保施工安全与质量，必须对每个施工阶段都进行详尽的监控仿真分析。

（一）有限元建模分析

依据设计和施工规划的具体步骤，以及设计文件中给出的基础参数，针对转体桥梁结构实施全面的施工全过程结构有限元分析。具体来讲，分析内容涵盖了结构变形情况、控制截面的内力计算、应变与应力分析，以及结构的预拱度评估。基于这些分析结果，可以确定立模的准确标高。

当前，业界广泛使用的有限元计算软件包括桥梁博士、MIDAS/Civil 和 ANSYS 等。在转体桥施工项目中，MIDAS/Civil 常被选为主要的监控分析计算工具，其计算结果则可通过大型通用有限元分析软件 ANSYS 进行复核，以确保分析结果的准确性和可靠性。

理想模型：在建立有限元计算模型时，将转体桥细致地划分成多个空间梁单元。基于这一划分方式，有效模拟桥梁的整个施工过程，并精确地计算出每个施工阶段下的理论变形和控制截面应力。此外，为了确保模型的准确性，应按照设计图纸中的几何尺寸以及相关的材料性能参数来设定模型的参数。

模型修正：在模拟桥梁的施工过程时，严格遵循设计施工方案中拟定的施工流程。为了更贴近实际施工情况，应参考实际施工过程中的监测数据来持续调整和优化有限元模型。而通过不断修正模型，期望能够更真实地模拟桥梁结构在施工过程中的受力行为，从而提供更准确的分析结果。

（二）桥梁立模高度计算

1. 施工全过程仿真计算

根据施工单位提供的施工技术方案对转体桥梁结构进行施工全过程模拟计算，为立模高度计算和应力控制提供理论数据，主要内容如下。

（1）转体前

①各梁节段拼装应力及标高监测控制。

②拼装完成脱架后桥梁应力及标高监测控制。

③对桥梁结构进行不平衡力矩测试试验（包括测试转体系统部分的不平衡力矩、偏心距、摩阻力矩及摩擦系数等参数）。

④试转测试（记录每分钟转速和每点动一次悬臂端所转动水平弧线距离的数据，以供转体初步到位后，进行精确定位提供操作依据）。

（2）转体中

①转体过程中桥梁结构的应力、桥面倾斜度和悬臂端位移监测控制。

②转体过程中转体速度、牵引力、前支腿反力监测控制。

（3）转体后

①转体结束箱梁应力、标高监测控制。

②顶升合龙监测，重点监测前支腿反力和悬臂端位移。

③合龙后全桥线形和应力监测。

④成桥即桥面铺装完成后的桥梁线形和应力监测。

2. 立模标高的计算及调整

大跨度转体桥施工过程中，施工控制的关键是挠度控制。挠度控制的目的是：结合详细的计算分析结果与各个施工阶段的实测数据，并与设计的计算结果进行精准对比，基于有效的比较分析，对梁段的预拱度值进行必要的调整（这一调整在立模标高的计算中得以体现），从而确保最终成桥的线形能够与设计要求相符，并保障桥梁合龙时的精度与准确性。箱梁各节段立模标高可参考下式计算。

$$H_i^{lm} = H_i^{sj} + \Sigma f_{1i} + f_{2i} + f_{3i} + f_{4i} + f_{gl} \qquad (5-2)$$

式中，H_i^{lm}——i 位置的立模标高（主梁上某确定位置）；

H_i^{sj}——i 位置的设计标高；

Σf_{1i}——由梁段自重在 i 位置产生的挠度总和；

f_{2i}——施工临时荷载在 i 位置引起的挠度；

f_{3i}——二期恒载在 i 位置引起的挠度；

f_{4i}——使用荷载在 i 位置引起的挠度；

f_{gl}——支架变形及基础沉降值，支架变形值是根据支架预压试验，综合各项测试结果而得。

f_{1i}、f_{2i}、f_{3i}、f_{4i} 四项之和就是在倒推分析输出结果中的预抛高值 H_i^{ypg}。

初始的几个节段立模标高按理论值确定，当理论值与实测值基本一致后按理论值及测量结果调整立模定位标高。

五、施工过程监控现场测试

（一）施工控制现场监控的关键内容

转体桥施工过程监控体系全面而细致，主要涵盖线形、应力、温度和转体四个方面的监测。以下是施工控制现场监控的几大关键内容。

①箱梁拼装：箱梁的尺寸精确测量与线形监测。

②支架拆除：线形与应力的监测，以及关注前支腿的反力变化及悬臂端的位移情况。

③转体监测：对配重的分布、试转过程的稳定性、转速的精确控制、桥面倾斜的实时状况、前支腿的反作用以及轨道梁应力及位移情况进行监测。

④顶升合龙：对顶升力的精确控制、悬臂端的位移及前支腿反力的变化以及重点节段的应力进行实时监测。

⑤温度场监测：对全过程进行监测，特别是在箱梁拼装与顶升合龙这两个关键阶段要加强监测力度。

（二）主梁线形监测控制

1. 钢箱梁重点节段测点布置

梁体标高测量的精度，作为线形控制成效的决定性因素，其重要性不言而喻。为了确保测量的精准，要采用高性能的精密水准仪，并特别指派具备专业资质的技术人员来执行高程测量任务。可选取钢箱梁小节段两端的特定位置，即靠近端部的横隔板或横肋板处作为测量截面。

测量主梁轴线偏位通常会采用经典而可靠的视准法。首先，需确保经纬仪或全站仪被精确无误地安置在墩顶梁面的中心位置，以此作为测量的基准站点。随后，选定另一墩顶梁面中心作为后视点，该视线作为基准线，用于后续测量的参考。在确保基准线设定无误后，将一把精确校准的小钢尺稳稳地放置在梁前端中心标记的精确位置上，确保钢尺基准点与梁端中心点重合在一起，接下来则借助仪器将钢尺上的读数直接读取出来，而这个读数即代表了轴线相对于基准线的偏移值。

为了确保箱梁在连接端面处的线形保持平顺，防止转角过大影响合龙过程，必须对钢箱梁安装过程中的连接端面倾角进行严格的监控。这通常涉及在多个关键位置设置高程测点，并通过计算这些测点的数据来进行精确监控。

测点布置：每个节段分为 2~3 个小节段，在每节段的小节段远离桥墩一侧的箱梁端面附近横隔板处布置测点，测点采用固定标识。

2. 转体箱梁顶面倾斜状态监测

为了掌握转体过程桥梁整体变化是否平稳可控，采用倾角传感器实时监控桥面状态来控制。

3. 几何形态测试方法

在进行转体桥工程的几何形态监测时，可运用的主要仪器涵盖了钢卷尺、红外测距仪、精密水准仪、倾角仪以及全站仪。在这些工具中，全站仪因其独特的优势而备受青睐。它能够测量远距离，且精度高，极少受到施工现场的干扰。更重要的是，全站仪可以同时测量水平角、竖直角和距离，并具备自动输出测量结果的功能，这使得它在线形监测中成为非常理想的测量仪器。然而，当施工场地有限或视野受阻，导致无法使用全站仪时，则可以选择使用钢卷尺来进行测量。此外，标高采用精度更高的电子水准仪测量以保障精度，角度采用倾角仪测量。

详细的测试仪器及方法如表 5-1 所示。

表 5-1 线形监控测试仪器

序号	测试阶段	测试内容	测试仪器
1	钢箱梁出厂复测	钢箱梁长度	钢卷尺或全站仪
2		钢箱梁高度	钢卷尺或全站仪
3	钢箱梁现场安装	钢箱梁标高	电子水准仪
4		钢箱梁中线	全站仪
5		横坡	电子水准仪
6	状态桥面监测	桥面倾斜	无线倾角传感测试系统

4. 线形控制精度要求

在进行主梁拼装时，转体桥施工控制精度如下。

①腹板及横隔板中心距：±3 mm。

②梁高允许偏差：±4 mm。

③标高允许偏差：±15 mm。
④梁段轴线偏差：±10 mm。
⑤拼接高程偏差：±10 mm。
⑥合龙高差偏差：±20 mm。
⑦成桥后线形（高程）：±50 mm。

5. 线形监测工况

根据转体桥施工顺序，确定各施工节段进行主梁线形监测的工况如下。

①各节段拼装过程：对每个节段的线形测试点进行线形监控。

②支架拆除前后：拼装完成，转体结构支架拆除前后对控制测点进行线形监控。

③配重：对配重后的转体结构进行监控。

④转体：转体过程中，通过自动采集系统监测转体过程中倾角传感器的信号变化，从而监控转体过程中是否倾覆。转体中途停顿时监测悬臂端挠度。

⑤结构合龙阶段：合龙前后进行线形监测。

⑥成桥状态：进行各监测点的线形监测。

（三）主梁应力监测

1. 应力监测测点布置

考虑最优化应力控制方案，采用振弦式传感器对转体桥应力进行监测，监测断面选择结构受力最不利位置，如跨中截面、3/4 截面、支座截面、合龙截面、辅助支撑处截面等。每个测试截面在顶板和底板腹板处各布设适当数量的测点。

2. 应力监测工况

根据转体桥施工顺序，确定各施工节段进行主梁应力监测的工况如下。

①支架拆架前：拼装完成后测试结构应力。

②支架拆除后：对转体结构进行应力监测。

③转体过程：转体过程中，通过自动采集系统监测梁体应力情况。

④合龙阶段：合龙前后对所有应力测点进行监测。

⑤成桥状态：成桥后对各监测点的应力进行监测。

为了防止结构在转体桥施工过程中产生非正常的变形和应力，对桥梁另外进行实时跟踪监测。

3. 辅助支撑受力监测

辅助支撑处的支反力是转体桥施工过程监控的重点，在转体前及转体的过程中，要时时监控辅助支撑的支反力，防止转体过程中的某些因素导致支撑力增大，将辅助支墩压坏，导致转体失败。转体桥辅助支撑支反力采用应变片进行测试和控制。此外，可以根据应变测量控制辅助支墩的支反力。

4. 横梁应力监测

在转体桥重点节段的左右两幅处若有横梁将左右两幅桥连接起来，则该横梁的主要任务就是提供两幅桥梁能同时转体的基础条件。一般来讲，横梁在球铰支撑处应力比较大，需对该处应力进行监控。

第六章　转体桥施工的安全保证

随着转体桥施工技术的广泛应用，其施工过程中的安全问题也日益凸显。由于转体桥施工过程复杂，施工工序多，各个因素之间相互影响，可能导致成桥后的线形和应力偏离设计值，甚至引发安全事故。因此，加强转体桥施工的安全保证措施，确保施工过程的安全性和稳定性，成为当前桥梁建设领域亟待解决的问题。本章围绕转体桥施工安全管理组织和转体桥施工安全保证措施等内容展开研究。

第一节　转体桥施工安全管理组织

一、转体桥施工安全管理的要求

一是在施工现场的安全管理方面，施工单位承担首要责任。在采用施工总承包模式的工程项目中，总承包单位要承担整个项目安全管理的首要责任，确保施工全过程的安全。与此同时，分包单位则需向总承包单位负责，严格遵守由总承包单位制定的施工现场安全管理制度与规范。为了明确责任划分，施工合同中必须清晰界定总承包单位与分包单位各自的安全管理范畴，确保双方能够明确知晓并承担起相应的安全管理职责。值得注意的是，若分包单位在施工过程中未能严格遵守安全规定，导致安全事故的发生，总承包单位将因此承担连带责任。此外，当建设单位采取分段发包或指定专业分包工程的方式时，分包单位的安全管理责任更为凸显。若分包单位无视总承包单位的安全管理要求，擅自行动并因此引发事故，那么分包单位将承担事故的主要责任。这一规定旨在确保施工现场的安全管理得到全面、有效的执行。

二是施工单位应当建立工程项目安全保障体系。项目经理作为本项目的核心领导者，是本项目安全生产的首要责任人，肩负着全面保障项目安全生产的重任。

为了确保安全生产的顺利进行，工程项目应建立分级负责的安全生产责任制，以项目经理为核心，确保各级责任人员明确自己的职责。对于从事特种作业的人员来说，他们不仅需要熟练掌握本工种的专业技能，更要深刻理解并承担起本工种的安全生产责任。在项目施工之前，施工单位应进行详细的安全技术交底，确保每位参与施工的人员都清楚了解施工过程中的安全要求和注意事项。

三是施工现场实行封闭管理，所有安全防护措施的设计与实施都必须严格遵循既定的建设工程安全标准，这是保障施工全程安全的基石。施工单位需展现出高度的灵活性与适应性，针对施工进程中不同阶段、动态变化的周围环境以及多变的天气条件，及时且精准地调整并采取相应的安全防护措施，有效预防潜在的安全风险，确保施工人员的生命安全与身体健康，同时维护施工设备的完好与工程进度的顺利推进。此外，施工单位还承担着在施工现场关键位置或潜在危险区域设置安全警示标牌的职责，明确警示施工人员和过往人员注意安全，避免发生意外事故。

四是施工单位在进行施工作业时，应当高度重视并精心策划对可能因施工活动而受到损害的毗邻建筑物、构筑物以及特殊设施等的专项防护措施。

五是若施工现场因故暂时停工，责任方必须确保现场安全防护措施得当，并承担由此产生的所有费用，以保障施工现场的安全稳定。[①]

六是施工单位应当展现出高度的环保意识与责任感，积极采取一系列有效措施，在施工现场全面且有效地控制并减少各类污染物的产生与排放。这包括但不限于对粉尘、废气、废水等污染物的严格管理，以及对固体废物进行妥善处理与分类回收。同时，施工单位还需特别关注噪声与振动的控制，通过采用先进的施工设备与技术手段，将其控制在合理范围内，避免对周边环境与居民生活造成不良影响。这些措施旨在保护施工人员及周边环境的健康与安全，实现绿色、环保的施工目标。

七是施工单位应当建立一套完善的责任制度，涵盖安全防护用具及机械设备的采购、使用、定期检查、维修和保养等各个环节，确保这些设施在施工过程中的可靠性。

八是所有进入施工现场的垂直运输、吊装和提升机械设备，在投入使用前，必须接受专业检测检验机构的全面检测与验证，确保其各项性能及安全指标均符合标准。

---

① 林永飞.建筑工程施工现场安全管理[J].居舍，2021（1）：114-115，161.

二、转体桥施工安全管理组织的内容

（一）建立安全生产责任制

作为项目的核心领导者，项目经理肩负着安全生产的首要责任，他们不仅是工程安全生产的领导者和决策者，更是安全文化的倡导者和践行者。在项目内部，每一个部室都应当严格遵循"管生产必须管安全"的核心理念，将安全生产纳入日常工作的重要议程，确保专业安全管理职责得以切实履行。加强施工安全管理，做到预防为主、综合治理，强化施工过程的每一个细节控制，从源头上消除安全隐患，确保施工过程的每一环节都符合安全生产的标准和要求。项目经理部要专门设立安全质量保证部，并配备专业的安检工程师，以确保项目安全质量的全面监管。在各作业队中，设置专职的安检员，负责实时监控施工过程中的安全风险。而在每个工班内，配备兼职安全员，以确保在各项任务中都能及时发现并处理安全隐患。这样的设置能形成一个严密的安全生产网络，确保领导层对安全工作的重视和投入，同时明确各级人员的安全职责，确保工作到位、责任到人，共同为项目的安全生产保驾护航。

（二）成立安全管理组织机构

为了实现项目安全生产的既定目标，特别成立转体桥施工安全管理组织机构，并构建完善的安全管理体系。这一体系以项目经理为核心，成立安全领导小组，严格遵循"管生产必须管安全"的原则，确保生产与安全并重。同时，强化岗位责任制，确保每位员工都明确自身的安全职责。通过加强项目施工安全监督管理，从组织层面、制度层面和防范措施层面全面保障安全生产，实现规范施工、安全操作，确保转体桥施工过程的每一环节都符合安全标准，为项目的顺利完成提供坚实的保障。

（三）实行逐级安全技术交底制

参与安全技术交底的人员必须严格履行签字手续，以确保每位参与者都明确了解并承担起相应的安全责任。同时，妥善保存相关交底资料，以备后续查阅和参考。项目经理部的专职安全员将负责监督和检查安全技术措施的执行情况，以确保各项安全措施得到有效执行。安全员将详细记录监督检查结果，以便及时发现和纠正潜在的安全问题，为项目的安全顺利推进提供有力保障。

（四）健全安全教育与培训制度

①安全教育与培训是施工生产过程中不可或缺的重要环节，它应贯穿于整个生产过程，并覆盖到每一位从业人员。具体而言，严格遵循"先培训、后上岗"的原则，任何未经过安全生产教育培训的人员，一律不得安排上岗作业。

②安全教育和培训的核心宗旨在于全面提升管理人员与操作人员两大群体的综合素质与能力。对于管理人员而言，首要目标是增强其安全生产意识，使他们深刻认识到安全生产对于企业稳定运营、员工生命安全及环境保护的重要性。同时，通过培训，助力管理人员提升管理效能，使他们能够运用科学的管理方法和手段，有效预防和控制安全风险的发生。[1]

③按照工程特点，全面而深入地对所有从事管理和生产的人员进行安全教育。特别针对专（兼）职安全员、领工员、班组长以及从事特种作业的架子工、起重工、电工、焊接工、机械工、厂内机动车辆驾驶等关键岗位人员，开展专项的培训教育。此外，对于新入职员工、岗位变动员工以及工艺调整后的员工，也要进行必要的安全培训。通过教育引导，职工能够深刻认识到安全不仅是工作的前提，更是生命的保障，从而在思想上筑起一道坚固的安全防线。同时，注重培养职工对本岗位生产知识和安全操作技能的掌握能力。通过理论学习与实操演练相结合的方式，职工能够全面了解岗位特点、操作流程及潜在风险，并掌握相应的安全操作技巧。这不仅有助于提升职工的工作效率，更能在关键时刻有效避免事故的发生，为工程的顺利进行提供坚实的安全保障。

④在工程开工之前，对工程的施工人员进行全面的安全培训，确保他们深入理解并熟悉工程安全生产保证计划书中针对性的安全措施及要求。针对新工艺、新技术、新设备实施中特定的安全技术规定进行详细解读，以确保施工人员能够熟练掌握并遵循这些规定。此外，强调在特定工作环境中需要特别注意的安全事项，以提高施工人员的安全意识和应对突发安全事故的能力。

⑤高度重视职工的安全思想教育，视其为提升安全管理水平的关键环节。定期组织全体职工深入学习《中华人民共和国安全生产法》，旨在通过法律知识的普及，使每位职工都能深刻理解和牢固树立安全生产的法律观念。在学习过程中，不仅注重法律条文的解读，更强调法律精神的传达，让职工明确自己在安全生产中的法律义务和法律责任。这样的教育方式，有助于增强职工的责任感和使命感，使他们更加自觉地遵守安全规章制度，将安全生产视为己任，确保施工过程的安全与高效。

---

[1] 卢广山.市政管养行业的安全管理工作[J].科技与企业，2012（10）：33.

（五）建立健全安全技术检查制度

①各级单位建立健全的安全检查制度，项目经理部作为项目管理的核心，承担着重要的安全监管职责，他们需要每月进行三次全面的安全检查，以深入排查潜在的安全隐患。作业队作为施工一线的执行单位，其安全状况直接关系到整个项目的安全稳定。因此，作业队每旬进行两次安全检查，以确保施工过程中的各项安全措施得到有效执行，并及时发现并纠正不安全行为。工班作为最基本的施工单元，其安全状况同样不可忽视。为此，工班被要求每日进行一次安全检查，由工班负责人亲自带队，对作业环境、设备设施、人员状态等进行全面检查，确保工班作业过程中的安全可控。此外，项目安全员和工班兼职安全员作为安全管理的专职人员，他们肩负着日常安全巡查的重任。在检查过程中，领导亲自带队，组织相关人员共同参与。一旦发现问题，立即采取相应措施进行处理，并将处理意见详细记录在检查报告中。对于发现的重大问题，填发安全隐患通知书，明确问题所在，并制定针对性的对策措施。要求相关部门或个人在限定时间内进行整改，并在整改完成后进行复查，确保问题得到彻底解决。

②经理部必须确保安全检查制度的严格执行，明确设定定期检查的日期和参与人员名单。具体而言，经理部应每旬至少组织一次全面的安全检查，而作业班组则应每日进行日常的安全自查。除了定期的检查外，还应根据工程实际情况进行非定期的安全检查，如在施工准备阶段、施工风险较高的阶段、采用新工艺的阶段、季节性变化时期以及节假日前后等关键时期。在这些时期，应确保有领导值班，以应对可能出现的紧急情况。对于在检查中发现的安全问题，经理部应严格根据"三不放过"的原则来制定和实施整改措施：事故原因未查清不放过；事故当事人和群众没有受到教育不放过；事故责任人未受到处理不放过；定人限期进行整改，保证"管生产必须管安全"的原则真正落实。

（六）建立安全保证基金制度

落实安全生产激励和约束机制，通过经济与行政手段的双重作用，将安全生产的绩效与干部职工的切身利益紧密相连。为此，项目部将制定明确的安全生产奖惩办法，确保奖惩制度科学、公正、透明。通过定期考核和及时兑现奖惩，激发干部职工参与安全生产的积极性和主动性，共同营造安全、稳定的工作环境。

（七）严格执行安全奖罚制度

通过将经济激励与行政监管手段有效结合，确保安全生产与干部职工的切身利益紧密相连。各级单位将制定详细的安全生产奖惩办法，以定期考核的方式确保奖惩的兑现，从而对干部们形成全面的压力，激励他们更加重视并积极参与安全生产工作。职工全员负责，达到施工现场安全生产有章可循，有序可控。

第二节　转体桥施工安全保证措施

转体桥施工现场存在高空作业、起重作业、水上作业、临近铁路既有线等危险源，必须采取相应的安全控制措施，保证施工安全。施工前，对施工人员做好安全技术交底，对施工中的安全注意事项进行详细说明。在施工中，现场安全负责人要经常进行检查，检查施工人员安全帽安全带的佩戴情况、现场是否存在安全隐患等，并采取相应措施。

一、转体桥施工安全管理措施

（一）一般防护措施

①在施工启动之前，严格遵循既定的施工培训计划，将施工安全学习与教育作为首要任务。精心组织教学活动，并配备详尽的学习材料。在学习过程中，注重理论与实践的结合，通过案例分析、模拟演练等多种形式，让作业人员能够直观地理解安全操作规程的重要性及其实施方法。同时，建立完善的记录制度，对每位参与学习的作业人员的学习情况进行详细记录，以便后续跟踪与评估。只有那些考试合格的作业人员，才能获得进行施工的资格，让安全意识灌输到每一个操作人员的思想中。

②现场防护岗位应由经过严格考试并合格、责任心强的专职人员担任，确保他们严格执行登记与注销制度，以保障现场安全。

③坚决执行劳动安全防护措施，确保每一位工作人员的安全。这包括防止车辆伤害、防止高处坠落、防止触电伤害、防止起重伤害以及防止机具伤害，全方位保障工作环境的安全性。

（二）人员管理保证措施

①全面加强所有进场人员的技术培训与安全教育工作，深知"安全第一、预防为主"这一原则的重要性，并将其作为核心思想，贯穿于整个培训与教育的始

终。对于安全员、防护员等特殊工种，严格执行持证上岗制度，确保他们具备专业的技能和知识，能够胜任各自的工作岗位。在培训过程中，不仅注重理论知识的传授，更强调实践技能的培养，通过模拟演练、案例分析等方式，帮助他们更好地掌握安全操作规程和应急处理技能。此外，广泛开展安全常识和安全法规的教育活动，并组织考试，对参训人员进行全面的考核。只有那些考试合格的人员，才能获得上岗资格，参与到施工工作中去。

②做好技术交底和班前安全交底，编制专项安全技术交底手册，并交到现场每个操作人员及现场安全员、防护员手中。施工过程中，针对交底内容不定期进行检查、督促。

③加强安全检查与监督，以防止工人违章操作和施工防护人员脱岗。对于防护员这一至关重要的岗位，坚持由经过严格训练和考试合格的正式职工担任。一旦防护员人选确定，避免随意调换，以确保岗位的稳定性和连续性。在执行防护工作时，防护人员必须坚守岗位，不得擅离职守，如有临时事务需要离开岗位，必须安排经过合格训练的人员进行替代。

（三）吊车使用安全措施

①在施工前，务必对吊车进行全面的技术检查，确保其各部技术状况完好。重点关注操纵装置、液压装置、安全装置以及钢丝绳等的状态，确保它们符合安全要求并达到使用标准，只有在完全符合要求的情况下，吊车方可投入使用。严禁吊车带病作业，这一规定必须严格遵守。在吊车准备起步之前，司机必须仔细观察车辆四周的环境情况，确保没有安全隐患，只有在确认完全安全后，方可鸣笛起步，以此提醒周围人员注意。在吊车的操纵作业过程中，司机与起重工的紧密合作是保障安全的关键。司机必须全神贯注，时刻关注起重工人的动作和信号，严格按照指挥人员的信号指挥进行操作，确保吊车动作的协调性和准确性。同时，在吊车作业过程中，司机必须保持高度的警觉性。对于任何人发出的紧急停车信号，无论其身份如何，司机都必须立即响应，果断停车。

②工作开始时，司机必须按规定进行各项检查与保养后，方可启动发动机。发动机启动前，应将所有操纵杆放在空挡位置。发动后应注意各部仪表指示是否正常，是否有异响，确认正常后方可开始工作。

③作业前应注意在起重机回转范围内是否有无障碍物。

④在操作起重臂时，必须严格遵守原厂的规定，确保其最大仰角不得超过规

定的限值。若无法查阅相关资料，则最大仰角应控制在78°以内，以确保操作的安全性和稳定性。

⑤当重物开始起吊时，司机应将脚放置在制动器踏板上，以便随时准备制动。同时，应密切关注起吊物的升降情况，确保操作平稳。务必避免起重吊钩到达顶点，以防意外事故的发生。

⑥在吊物行走过程中，应确保地面坚实平坦，以防止因地面不平导致起重物倾斜或滑落。同时，起重物离地的高度不得超过 0.5 m，以确保其稳定性。此外，回转机构和吊钩的制动器必须处于刹住状态，以防止意外滑动或旋转。起重机禁止作运输机械使用。

⑦空车行走转向时不得过快过急。

⑧工作完毕后，应关闭发动机，操纵杆放到空挡位置，将各制动器刹死。冬季应将冷却水放尽，并将驾驶室门窗锁住。

（四）安全用电保证措施

①动力配电箱和照明配电箱应当分开设置。若因特殊情况需要合并设置在同一配电箱内，那么动力和照明线路必须分路设置，且照明线路的接线应优先接在动力开关的上侧，以减少干扰并确保各自独立运作。

②建立完善的安全教育和培训制度。定期为专业电工和各类用电人员提供安全教育和培训，提升他们的安全意识和操作技能。所有上岗人员必须持有劳动部门核发的有效上岗证书，这是严格遵守的规定，严禁任何人员无证上岗。

③开关箱应由末级分配电箱配电，开关箱内一机一闸。

④总配电箱设置在靠近电源的地方，以便更有效地管理和控制电力供应；同时，分配电箱则被安装在用电设备或负荷相对集中的区域，以确保电力能够直接、高效地输送到各个用电点，满足实际需求。

⑤施工现场的所有配电箱、开关箱应每月进行一次检查。

⑥严禁将照明线路随意挂设在脚手架或未采取绝缘措施的金属构件上。在需要移动照明设备时，应优先使用电缆线作为导线，因为电缆线具有更好的耐用性和安全性，尽量避免使用其他软线，以减少潜在的安全隐患。同时，对于手持照明灯具，应确保使用安全电压，以保障使用人员的安全。此外，照明零线绝对禁止通过熔断器，防止因熔断器故障而导致照明线路异常，从而引发安全事故。

（五）特种作业人员管理措施

①特种作业人员在施工现场中要承担较高的安全风险，为确保其作业安全及

技能水平，他们必须参与由当地安全行政主管部门、质量技术监督部门或建设行政主管部门组织的安全技术培训。培训期间，特种作业人员要接受系统的教育，内容涵盖安全法规、操作规程、事故案例分析等多个方面。随后，他们将接受严格的考核，以检验其学习成果和实际操作能力。此外，为确保特种作业人员的技能水平持续达标，还需进行定期的复验。只有通过上述教育、考核及复验流程，并成功获得合格证及操作证的特种作业人员，方被准许上岗作业。

②对于已经成功取得操作证的特种作业人员而言，他们的资格证书并非长期有效，定期进行复审是必不可少的环节。如果特种作业人员未能按期参加复审或者复审结果未达到合格标准，那么其操作证将自动失效，这意味着他们将被暂时禁止上岗作业，直到他们重新通过复审才能上岗。

③对于特种作业人员，若其连续离开特种岗位超过6个月，为确保其专业技能和安全操作能力不受影响，需重新进行实际操作考核。在确认其考核合格之后，才能允许其重新从事原岗位的作业。

④所有特种工在上岗前必须持有有效且真实的特种作业人员操作证。这一证件不仅是他们专业技能和资质的凭证，更是保障作业现场安全的重要防线。严禁任何形式的伪造、涂改或借用行为，一旦发现，将依法依规严肃处理。在作业过程中，特种工必须时刻牢记自己的职责与使命，严格遵守既定的操作规程，不得擅自离岗，更不得将自己的岗位轻易交给他人代替，以免因操作不当或疏忽大意而引发安全事故。

⑤对于已取得上岗证的人员，管理组要进行详细的造册登记并存档。此外，特种作业人员操作证必须按照规定的期限进行复审，确保证件的有效性，避免超期使用。同时，名册应保持完整，便于管理和查询。

⑥特种作业人员必须在其特种作业人员操作证所规定的工种作业范围内进行作业，不得超出其专业范围，以确保工作的专业性和安全性。

⑦特种作业人员要保持稳定性和专业性，原则上不允许随便调离。如果因特殊原因需要调离，必须经过管理部门的批准，并确保调离后的工作不会影响其特种作业的安全性和专业性。

⑧所有电气设备必须配备可靠的保护接地。电工必须持有上岗证，用电必须由专职电工负责。严禁非专业人员操作或维修电气设备，同时严禁私自接线，以确保用电安全。

(六)"一机一人"制专项防护措施

①指定专人对施工机械进行管理,保证施工机械按照安全操作规程进行施工,监督特种作业人员按照要求进行操作,避免施工机械对来往列车造成影响,对施工人员身体造成伤害,保证机械在完好状态下进行施工,监督专人定期对施工机械进行检查,严禁机械带病作业,以免机械发生突发故障,引起安全事故。

②对施工现场所有机械进行管理分工,一个管理人员负责管理一台机械,能更好地对现场施工机械安全施工给予有力的支持,明确责任,管理人员应多观察、多教育、多给予可行意见,根据施工周边环境等因素,指定施工方法。

③主要监督控制施工内容,每日对施工机械操作手进行的班前交底内容和记录进行检查,检查施工机械运转记录、交接班记录,机械操作手不得随意更换,机械作业过程中严禁做与施工无关的事情,保证机械操作手注意力高度集中,避免机械操作手注意力分散开小差,造成安全事故。

④机械安全管理人员,在机械施工运转中不得擅自离岗,当日施工完成后,及时清理现场,检查设备状态,保证后续施工安全。

(七)起重作业安全

①起重作业作为一项技术性和安全性要求极高的工作,严格执行"持证上岗"的原则。任何想要参与起重作业的人员,都必须事先通过专业培训和考核,获得相应的资格证书,以证明其具备从事该工作的资格和能力,严禁无证操作。

②在吊运、安装、移位物体时,有专人指挥,统一信号,现场施工人员要与吊机指挥相互配合,并设置警戒;机械施工时必须严格执行"一人一机"防护制度。

③在进行吊装作业之前,务必对所使用的起重机械、吊装工具以及绳索进行全面而严格的检查,确保其处于正常且完好的状态。任何超负荷吊运的行为都是严格禁止的,以确保作业安全。

④在物体尚未被固定之前,操作人员不得擅自离开工作岗位。在索具受力或被吊物悬空的情况下,不得中断工作。在吊装物体的过程中,操作人员必须保持高度的注意力集中,严禁在悬吊物体的上方或下方站人,同时也不允许人员在此区域通行。

⑤支架构件在起吊到位后,必须与已固定在支架上的构件连接牢固后,才能解除卡环。

(八)转体作业安全

①设备操作必须由指定的专人负责,非授权人员严禁擅自触动或开启设备的任何按钮和开关,以确保设备操作的安全性和规范性。

②所有配电线路的布局和设计需符合安全用电的标准和要求。主控台和各泵站应设置防雨棚,以有效防止电气控制设备因受潮而引发故障或安全隐患。

③要经常对整个系统的工作情况进行全面检查。特别要关注滚轮小车、齿条等关键受力部位的工作状态,一旦发现异常情况,应立即停机并采取相应措施进行处理,以避免潜在的安全风险。

④转体施工前安排专人对连续梁进行清理,对于转体施工中存在安全隐患的物体,尽可能将其吊装至梁下安全区域存放,需放置在梁面上的物体放置在连续梁防撞墙内侧;在转体过程中,除工作人员外钢箱梁底严禁站人。

⑤转动设施和锚固体系必须经过严格检查,确保安全后方可进行转体施工。

⑥与相关部门进行深入协商,共同确定转体的具体时间。随后,及时向主管部门提交详细的要点方案,以供其审查和批阅,要确保方案的准确性和完整性,以便主管部门能够全面了解作业计划和准备情况。一旦方案获得主管部门的批准,并完成了所有必要的审批手续,严格按照规定的时间窗口来执行转体作业。

⑦提前获取转体当天的气象信息,特别是关注风力情况。如果预测到可能出现大风等不利天气,提前采取有效的防范措施,如加固设备、调整作业计划等,以确保转体工作的安全进行。

⑧转体前应与供电部门联系,尽可能保证转体电力供应。在转体过程中安排足够的电工值班,并现场备发电机作为应急预案。

二、转体桥施工安全制度措施

(一)施工图核查和技术交底制度

1. 施工图现场核查制度

施工前应组织各专业工程师对图纸进行分级会审,根据施工设计图进一步现场核查。

2. 坚持技术交底制度

在审批通过的施工方案基础上,精心编制各工序的技术交底文件,确保每一项技术细节都得到详尽的阐述。同时,对管理人员和施工人员进行全面的交底工作，内容涵盖设计意图、施工方案、施工工艺、质量标准以及安全标准等方面，确保所有相关人员都能充分理解并遵守施工要求，保证工程质量和施工安全。

（二）工艺流程设计、试验制度

1. 工艺标准

精心策划并制定一套严谨的工艺标准，这些标准要基于科学原理，确保工艺流程的合理性和高效性。同时，积极推动以工序样板为先导、典型示范为引领的工程创优活动，旨在通过树立标杆，激发全体人员的积极性和创造力，共同推动工程质量的持续提升。严格按照既定的创优规划和措施要求进行操作。在活动过程中，加强现场技术指导，对关键工序和难点问题进行深入剖析和讲解，帮助施工人员掌握正确的操作方法和技巧。同时，对工序质量进行严格的预控管理，通过提前介入、过程监督、结果验收等手段，确保每一道工序都符合既定的标准和要求。在施工过程中，要求所有专业的施工人员必须严格遵守施工规范、技术操作规程以及经过审定的技术方案和工艺要求。同时，依据相关质量验收标准对每一道工序进行严格的评定验收。特别强调的是，如果上道工序未能达到合格标准，将坚决不将其交付给下一道工序进行施工，以确保整个工程质量的稳定和可靠。保证每个分项、分部、单位工程一次达标成优。

2. 原材料取样和试件制作

实验室负责原材料取样和试件制作，需要确保原材料的质量符合施工标准。同时，实验室还负责对拌和站进行现场监控，确保混凝土和砂浆的配合比精确无误，以满足工程要求。测量队则配备有符合高精度要求的测量仪器，负责对施工现场进行全方位的监控量测，精确控制尺寸和标高，确保施工过程中的每一个环节都符合测量高精度的要求，从而保障整体工程的质量和准确性。

3. 混凝土检测

加强混凝土的耐久性检测，以满足结构使用寿命的设计要求。在施工准备阶段，为确保混凝土具有卓越的耐久性能，需对原材料进行一系列耐久性试验，涵盖抗渗性、抵抗氯离子渗透的能力以及抗裂性等多方面的检测。在灌注混凝土的过程中，严格根据规定制作物理力学及耐久性检查试件，以便对混凝土的质量进行实时监控。此外，在压浆材料中掺加阻锈剂，并采用真空辅助压浆工艺，以有效控制混凝土结构表面裂缝的产生。这些措施将共同确保混凝土结构的稳定性和耐久性，从而满足工程对混凝土使用寿命的要求。

4.钢箱梁焊接、吊装及涂装

加强钢箱梁焊接、吊装及涂装施工质量控制。焊接前根据工程特点及对接形式进行焊接工艺试验,取得工艺性合格试验报告后方可进行焊接作业;加强焊接设备和操作人员管理,设备检验合格,操作人员具有相应资质;焊接完成后按规范和图纸要求进行无损检测,对不合格焊接建立台账。加强涂装原材料送检,严格控制涂装材料质量;施工过程中严格按照设计要求进行防腐施工,涂装施工时根据环境条件做相应调整。

(三)质量责任追究制度

实行严格的质量责任追究制,从上到下构建一套终身负责的质量责任体系。质量目标需层层分解,确保每个环节都有明确的责任归属。在这种体系中,各级之间形成紧密的保障关系,一级对一级负责,一级对一级监督,以技术把关为首要任务,全面加强从始至终的质量管理。

第七章　转体桥施工的质量保证

转体桥作为桥梁工程中的一项重要技术，其施工质量的优劣直接关系到桥梁的安全性与使用寿命。[①] 因此，在转体桥施工过程中，质量保证显得尤为重要。本章主要围绕转体桥施工质量保证体系以及转体桥施工质量保证技术措施两个方面论述，旨在为提高转体桥施工质量提供有效的保障措施与方法。

第一节　转体桥施工质量保证体系

一、质量保证体系的概念

质量保证体系是一系列精心策划和组织的活动集合，旨在确保产品或服务能够满足既定的质量标准。在工程项目的构建过程中，为确保体系的有效运作，必须对设计所需的各项标准、使用的规范进行持续评估，同时，还需对建筑、安装、检验等各个环节进行细致检查。此外，为了赢得用户的信赖，还可以提供相关的证据支持。简而言之，在企业内部，质量保证体系是管理的重要工具；而在合同关系中，它则是乙方赢得甲方信赖的关键手段。

质量保证体系是涵盖组织机构、责任分配、执行程序、工作流程以及所需资源等要素的综合体系，旨在全面推动质量管理。管理部门有责任开发、构建并落实这一体系，以确保既定的方针和目标能够顺利达成。在工程项目的建设中，质量保证体系既要紧密结合项目管理的特性，又要充分考虑中国的国情，确保体系易于理解且高效运行；产品或服务确实能满足用户的期望；重点应放在问题的预防上，而不应完全依靠问题发生后的检查。

---

① 温巍. 浅谈道路桥梁施工控制管理[J]. 科技创新与应用，2016（18）：227.

二、转体桥施工质量保证体系的内容

工程项目的质量保证体系,是以确保转体桥施工的质量为核心目标,贯穿从施工准备到施工生产直至竣工投产的完整流程。[①] 在这一体系中,要充分运用系统的理念和方法,动员全体人员共同参与,以实现工程项目质量管理的制度化、标准化,其主要内容涵盖以下三个方面。

(一)思想保证体系

在转体桥施工项目中,积极引入并贯彻全面质量管理的核心思想、独到观点和有效方法。通过系统化的培训和实践活动,使每一位施工人员都深刻认识到质量的重要性,从而在心底树立起强烈的质量意识。在转体桥施工的每一个环节,都以质量为先,确保每一道工序都符合高标准、严要求。

1.增强质量意识

树立"质量第一"的观点,努力提升参与转体桥施工全体人员的基本素质,是工作的重中之重。加强职业道德教育和业务技术培训,确保每一位成员都能深刻理解并践行高质量施工的理念。特别是对于项目经理而言,高度的质量意识更是不可或缺。他们必须深刻认识到"百年大计,质量第一"的重要性,将转体桥工程的质量视为重中之重。在施工中,项目经理应以对国家、对人民的高度责任感,将工程质量的优劣作为考核的主要内容,确保每一道工序、每一个环节都达到最优标准。

2.重实效,树立"一切为用户服务"的观点

在外部视角中,"用户"一词指代的是建设单位。然而,在内部运作流程中,每一个后续的工序都被视为前一个工序的"用户"。致力于满足每一位"用户"的需求,这意味着需要深入了解他们的需求,并全心全意为他们服务。这样的努力旨在实现一个核心目标——提高转体桥施工质量。

(二)组织保证体系

转体桥项目的工程质量,不仅是施工管理的全面展现,更是项目管理水准的直观体现。为确保项目顺利进行,需要构建完善的各级组织架构,确保各层级职责明确、分工协作。在此基础上,需要坚持预防为主的方针,结合严格的检查机

[①] 黄景业.水利工程项目管理中的 PDCA 方法[J].河南水利与南水北调,2010(6):71-72.

制，形成一个目标明确、职责清晰、权限分明、协作有序、相互促进的质量保证体系，确保转体桥项目的高质量完成。

1. 建立质量管理小组

质量管理小组，通常简称为QC小组，其成员构成多样，既包含来自管理部门的专业精英，也涵盖施工班组中经验丰富的生产人员。该小组以优化和提升施工质量为核心目标，通过引入并应用科学的管理方法和策略，积极开展各类攻关活动，旨在解决施工过程中的质量难题，确保项目的高品质完成。

2. 健全各种规章制度

完善各项规范制度，特别聚焦于技术管理的系统化、施工质量的细致标准、测量工作的精确指导、全优工程的严格把控，以及QC小组活动的具体规程。此外，还需深化技术责任、质量责任以及岗位经济责任等多方面的责任体系。

3. 明确规定各职能部门人员职责

为了确保转体桥项目的顺利进行，并提升整体工程质量，需要职能部门主管人员和参与施工人员的具体职责与权限。

①生产计划主管主导转体桥项目的施工准备工作，合理规划施工部署与安排，并精确编制施工组织设计或施工方案。在计划、部署、检查生产的过程中，始终将确保转体桥的工程质量作为首要任务。同时，他们还要组织项目的回访工作，并迅速处理任何因施工质量问题导致的返修需求。

②技术主管深度参与转体桥的设计方案研讨，并提出确保工程质量的建议。组织团队熟悉并审核设计图纸，确保技术交底准确无误；推动科研成果的实践应用，并审核一般技术革新项目。在遇到质量事故时，技术主管需要参与分析，并负责处理其中的技术问题。

③材料主管负责供应符合转体桥项目要求的合格材料、半成品和成品，并及时提供相关的质量合格证明，确保项目的材料基础坚实可靠。

④工人们要对施工操作的质量负责。他们需要严格遵循国家施工及验收规范、质量标准以及技术交底的要求，确保每一项操作都符合质量标准，从而保证转体桥的整体质量。

4. 建立质量信息系统

鉴于转体桥施工项目具有广泛的覆盖面、繁多的工作环节以及复杂的形成过程，同时伴随着大量的手工操作，为了确保工程质量，预防和控制潜在问题，需要构建一个高效、反应迅速的信息传递和反馈系统。这一系统不仅要明确各种质量信息传递的流程，还要能够迅速捕捉和把握外部及内部的质量动态变化。这样，项目经理及相关人员就能基于实时信息，及时做出准确的决策，确保转体桥工程的顺利进行和质量的可靠保障。

（三）工作保证体系

1. 施工准备阶段的质量控制

在转体桥工程建设的过程中，施工准备是不可或缺的重要步骤。其质量的高低，不仅关乎工程能否快速并顺利推进，更在源头上为工程质量铺设了坚实的保障之路，通过预防与预控手段，能够有效规避潜在的问题。因此，在全面完成常规施工准备的基础上，还需特别加强对技术准备措施的重视与落实，以科技的力量为工程建设的每一步保驾护航。

鉴于转体桥工程的独特性，需要深化技术培训体系，持续增强员工的专业技能水平。为紧密贴合工程实际需求，预先规划并实施包括专业施工技能、业余时间的技术提升课程以及专题技术研讨会在内的多元化培训活动，确保施工团队具备应对复杂施工环境的技术能力。

对转体桥工程所使用的原材料、半成品进行严格检验，确保材料质量符合标准。通过严格的检验流程，将不合格的材料或半成品在施工前排除，为转体桥工程的高质量建设奠定坚实基础。

针对转体桥工程的特殊要求，补充、制订和完善各种内控标准，确保施工过程中各环节的操作都能达到使用要求。这些内控标准将作为施工过程中的重要参考，指导施工团队按照既定标准进行操作。

对于转体桥工程中采用的新工艺、新材料、新技术，应预先进行模拟试验。通过实践操作，掌握这些新工艺、新材料、新技术的基本操作要领，确保在施工过程中能够熟练、准确地应用，为转体桥工程的高质量建设提供有力保障。

2. 施工阶段的质量控制

转体桥的建设，每一步都承载着建筑产品的诞生。在这个过程中，质量控制的重要性不言而喻。为了保障转体桥的质量，需采取以下措施。

（1）加强工序管理

把转体桥的建设细化为多个分项工程，每个分项工程都需经过严格的质量控制。对每道工序进行详细的交底，明确操作方法、质量要求及标准。针对转体桥施工中的重点和难点，还需要设立特定的质量控制点，进行重点管理，确保整个施工过程都在严格的监控之下。

（2）建立质量检查制度

在转体桥施工过程中，要清晰界定质量监控的关键节点与标准，确保每一项核心控制点均符合既定的质量标准，又遵循共检的规范流程。控制点的分级依据其在项目中的重要性，可以细分为 A、B、C 三级。A 级控制点，作为核心工程要素，需通过承包方、建设方及施工方的联合审查，确认质量达标后方可推进后续工序；B 级控制点，针对次要结构部位，则由承包方与施工方共同检验合格后继续施工；而 C 级则针对一般工程区域，采取施工单位内部自检的方式。值得注意的是，任何需共检的部位，均须预先完成自检流程，且自检结果必须合格，方可申请共检，把质量控制融入日常工作的每一个环节，实现制度化、规范化的管理。

（3）在工序管理中，开展群众性 QC 活动

在转体桥的施工过程中，鼓励开展群众性的 QC（质量控制）活动。PDCA 循环作为一种有效的质量管理方法，将帮助我们持续改进施工流程，确保转体桥的质量稳步提升。

（4）建立内控标准

为了满足转体桥对高精度施工的需求，需要制定一套内控标准。这套标准包括操作标准和精度标准，通过试验、总结和实测不断完善和优化。这有助于在施工过程中更好地控制转体桥的施工过程，确保其质量达到设计要求。

3. 竣工验收阶段的质量控制

产品竣工验收，不仅代表着单位工程或独立项目的全面竣工，更标志着工程已正式转交至建设单位管理之下。此外，这也宣告了转体桥建设项目中，某一分部或分项工程任务圆满达成，为后续施工步骤的开启奠定了坚实基础。在此阶段，应聚焦于后续工作的细致筹备与高效推进。

（1）搞好成品保护

在转体桥项目完成交付的过程中，除了紧密遵循交付步骤外，还需制定并执行一项严格的成品保全制度，向使用单位或下一道工序明确进一步成品保护的各项要求。同时，对于任何损坏成品的行为，必须严厉追责并进行惩罚。

（2）加强工序联系，不断改进措施

秉承"顾客为先"的核心服务理念，主动征集后续生产环节的反馈意见，依

据这些宝贵信息迅速调整工作策略并持续优化作业流程，以确保所有产品均达到高标准，避免任何瑕疵品进入下一生产阶段。

（3）建立回访制度

与用户建立的稳固关系，定期对转体桥项目进行回访。在每一次的回访中，都将带着最大的诚意，聆听用户的每一条意见以及建议。同时，也要严格检查工程质量，确保它不仅符合标准，更能满足用户的期待。

三、转体桥施工质量保证体系的结构

项目经理及最高管理部门在转体桥项目的推进过程中，需要对质量政策的制定以及关于转体桥项目质量体系的开发、实施以及持续保持等关键决策负有主要的责任。一个健全的质量保证体系对于确保转体桥项目的质量至关重要，其结构通常包含以下四点内容。

（一）质量责任和权限

在确定转体桥项目的质量环后需要对各个阶段中直接影响或间接影响质量的各项活动进行深入识别，写成文件并采取如下措施。

第一，明确规定一般的和特殊的质量责任。

第二，在明确职责的基础上，赋予各岗位和技术人员足够的权力和责任，使其能够自主决策、自主执行，并在出现问题时承担相应的责任制。

第三，明确规定各项质量活动之间衔接的控制办法和协调措施，尤其对转体桥项目各结合部的质量活动更应重视。

第四，为了加强转体桥项目质量监理，项目经理或管理部门应选派合适的内部质量保证人员或委托有资格的外部质量保证人员，对工程质量进行监督和管理，但必须严格按合同办事，并明确其所负的责任和相应的权力。应该注意的是，被委派的人员应与直接影响质量的活动无关。外部质量保证人员，一般为监理工程师。

第五，工作重心在于两方面：一是识别当前存在的质量问题，二是预测并评估潜在的质量风险，并且迅速进行补救工作，同时制定预防措施，以防止问题再次发生。

（二）组织机构

在转体桥项目的质量保证架构中，设立并完善专职的质量监控部门。该部门需详尽规定其职能、权限划分以及内部沟通机制，确保各环节无缝衔接，共同为项目质量保驾护航。

以甲方为例，它的质量管理组织体系包括：项目质量最高负责人、质量保证的总负责部门及分部门的质量负责系统、质量咨询顾问组织以及现场质量监理组织等。其中，现场监理组织也可以委托外部人员承担。

（三）资源和人员

针对转体桥项目，管理部门必须提供实施质量方针和达成质量目标不可或缺的、适宜且充足的资源。这些资源涵盖了具备专业知识和技能的人力资源，以及为转体桥施工所需的特定设备、精密仪表和先进的计算机软件。

为了确保参与转体桥项目的人员技能水平满足要求，管理部门将详细规定人员的资格标准、工作经验要求和技术培训等级，并高度重视技术培训工作，以确保团队能够胜任转体桥建设的各项任务。

（四）工作程序

为了确保所有影响转体桥施工质量的活动都能得到恰当且持续的控制，需要设计、公布并执行一系列与高效质保体系紧密对接的操作流程。这些流程旨在支撑并推动整体质量政策与目标的达成。这些书面规程力求简洁明了，便于理解，同时明确界定实施方法及评估标准，以此促进质量的持续优化与保障。[①]

四、转体桥施工质量保证体系文件

为了确保转体桥工程项目的高质量实施，工程项目管理部门需要系统化地编制质量保证体系中的各项要素、要求和措施，形成一套完整的指导文件。这些文件包括以下内容。

①质量方针和程序。质量方针和程序即质量大纲、计划、手册和记录等。

②质量手册。它是质量保证体系的核心文件，要对转体桥项目的质量保证体系进行全面的描述和说明，确保项目质量得到充分的保障。

③质量计划。它是项目质量管理的行动指南，通过具体规划以及协调各项质量管理活动。

④质量记录。质量记录包括设计、检验、试验、调查、审核或有关结果的质量记录与图表，它们是质量管理体系的重要组成部分。

---

① 杨杨.溪洛渡水电施工项目质量管理体系研究[D].长沙：中南大学，2013.

第二节 转体桥施工质量保证技术措施

一、转体桥施工的各阶段质量保证技术措施

（一）设计阶段

首先，在工程项目的初步设计阶段，核心关注点应落在转体桥架构的整体稳定性保障及其旋转机制的精细计算与优化策略上。这需要深入推敲球铰结构的设计细节，确保配重系统达到最佳平衡配置，并谨慎筛选临时支撑结构的方案，通过多轮方案比较，以提升设计的整体效能与安全性。

其次，为了保障桥梁在旋转过程中的安全性，还需要借助仿真模拟和深入的理论分析，确保应力在桥体中的分布达到最佳状态，从而有效预防结构因受力不均而导致损伤或失效。

（二）预制阶段

在桥梁构件预制阶段，每一步操作都需严格依照设计图纸和技术标准，确保构件质量卓越，预应力张拉效果精确无误，全面符合设计规范。

此外，对焊接点的质量、预埋件安装位置的精确度，以及构件间连接构件等关键环节，要实施全方位、高标准的质量检验与验收流程，其主要目的是在桥梁进行转体作业过程中，所有组件能够完美协同，无缝衔接，从而保障整个桥梁结构的安全与稳定。

（三）转体系统安装及调试阶段

在转体桥的部件中，球铰是核心，从制造、装配到性能验证的每一步骤，均需遵循严格的质量规范。

首先，在安装球铰过程中，球铰的精确定位是确保结构稳固与功能实现的前提，而上下转盘间隙的精确控制则关系到桥梁转动的流畅性与安全性。

其次，对于辅助设施如牵引机制、平衡调节装置及监控系统的部署与调试，亦需给予高度重视，要确保它们在协同工作时能够准确无误按既定方案平稳旋转，从而保障整个转体桥工程的顺利进行。

（四）转体过程中的动态监测与控制阶段

在桥梁转体作业期间，需借助先进的监控技术，对转体的速度、角度、扭矩以及温度等核心指标进行实时追踪，以保障整个转体流程的稳定与安全。

同时，基于实时数据的反馈，施工团队应灵活调整作业策略，确保施工的高效进行。此外，还需制订详尽的应急方案，以便在遭遇异常情况时能够迅速反应，并采取有效措施加以解决。

（五）转体到位后的连接及验收阶段

桥梁成功完成转体后，紧接着需细致检查并验收梁体相接区域的几何精确度、承重结构的状态以及移除临时支撑结构后的稳定性。这一系列检查的核心目标是确认转体桥与既有构筑物之间实现牢固的连接，同时验证整体结构的承重能力是否能满足设计之初的所有安全及性能标准。

二、转体桥施工的结构质量保证技术措施

（一）支架施工质量保证技术措施

①支架进场后，首要任务是核查其核心部件的标识详情、合格证明文档，以及包括钢管、零部件、铸造件和冲压件在内的各类材料的质量评估与性能测试报告。其中，钢管的壁厚尺寸、焊接作业的质量及其外观完整性更需重视。同时，可调底座与支撑结构的材质优劣，以及丝杠直径的精确性和与螺母装配的紧密性这些关键环节，也要进行严格审查。任何未能达到标准的材料，坚决不允许其用于转体桥的施工之中。

②在支架搭建的筹备阶段，现场严格依据设计蓝图进行精确测量与定位，确保其位置符合设计预期。

③遵循详尽的技术交底要求，统一采用指定规格与型号的支架材料构建，坚决避免混用不同规格钢管，以确保支架结构的稳固性与一致性。

④横向、纵向支撑，以及水平与斜向剪刀撑的设置，均需严格遵循技术交底的要求，与支架主体结构同步构建，确保各部件间连接紧密牢固。

⑤在转体桥支架的整个搭建流程中，配备专职监督人员实施不间断的巡视与指导，一旦发现任何偏离施工方案或行业标准的情形，立即采取纠正措施，以保障支架搭建工作的质量与安全。

（二）模板施工质量保证技术措施

①挑选优质木料作为支撑架构的核心材料。在面板的选取上，要使用制造商精心制作、表面覆盖有塑料防护涂层的竹胶板。在施工前，需要依据项目预期的荷载条件，对模板体系实施全面细致的计算分析与验证工作，确保模板在强度、刚度及稳定性都达到最佳状态，能够满足转体桥的施工需求。

②翼缘板模板的圆弧背楞采用钢管弯制而成，弯制的圆弧钢管经技术人员检查合格后方能使用，确保翼缘板的线型。

③在准确放样并检查确认无误的基础上，方可着手模板的制造与安装流程，确保模板表面平整无瑕疵，接缝处紧密无隙，线条顺直流畅。

④模板的竖立作业需严格遵循既定的施工方案，确保支撑结构既稳固又可靠，尽量杜绝任何松动、模板偏移或超出允许范围的形变与沉降问题。

⑤为保持模板拼接处的绝对平整与紧密，需实施有效的填缝措施，严防浆液渗漏，同时保持模板内部清洁无杂物。

⑥为了防止焊接过程中可能对模板产生的损害，要尽量在模板周边较远的安全区域执行焊接作业。若焊接作业确实需要在接近模板的位置进行，则必须采用一层薄铁皮作为屏障覆盖模板，从而有效阻挡焊渣飞溅。

⑦模板安装结束后，需进行一系列检查验收工作，这包括但不限于确认模板的平面位置、顶部标高的准确性，检查接缝的紧密程度，全面评估节点连接的牢固程度，并严格验证其在纵横方向上的稳定性能。

⑧在模板安装完毕之后，务必及时启动报验流程，紧接着无缝衔接至浇筑作业，确保施工流程的连续高效。

（三）支座安装质量保证技术措施

①在支座安装之前，务必执行详尽的检查流程，确保所选支座完全符合项目的设计要求。

②支座安装时，对支座的纵横轴线及高程进行精确测量以便支座安装对中就位，确保支座位置准确。

③在安装活动支座时，必须严格核对支座的预设滑移方向，以保证其与转体桥设计方案中的方向完全吻合，无任何偏差。

④支座安装就位后，支座中心线需与主梁中心线重合或平行。

⑤完成支座安装后，所有暴露在外的部分都需进行防锈处理。对于在施工过程中因刮碰而受损的漆面，应及时补刷防锈漆和面漆，以保证其防护效果。

⑥在安装活动支座四周的防尘护罩之前，务必使用丙酮或酒精对不锈钢滑动面进行彻底清洁，确保无尘，防止灰尘污染聚四氟乙烯板表面。

⑦在安装活动支座时，必须全面评估混凝土浇筑时的温度控制、预应力施加过程中的张拉效应以及混凝土随时间产生的收缩与徐变等对桥梁长度的潜在影响。基于这些综合考量，预设一个相对于设计支承中心线的偏移量，旨在精确对齐支座位置并保障梁体结构的稳固。

（四）钢筋施工质量保证技术措施

①钢筋材料需附带质量合格证明及实验报告，方准许入场。入场后，依据批次进行抽样，并实施包括抗拉强度、冷弯性能及接头弯折等物理力学试验，确保所有试验指标达标后方能投入使用。

②钢筋分类储存于加工场内，依据规格型号清晰分区，避免混杂，同时设置明显标识牌以便识别。露天存放时，底部垫高以防潮，顶部覆盖遮雨布以防日晒雨淋，并预防钢筋腐蚀问题。

③所有钢筋的等级、型号及直径均须与设计图纸严格保持一致。加工前，成盘或已弯曲的钢筋均需进行调直处理，对于无法恢复的死弯部分，采取切除措施。

④钢筋弯曲成型操作需在常温条件下进行，严禁采用热加工或暴力敲击、尖锐角度弯折等方式。

⑤进行焊接作业的焊工需持有有效资格证书，采用符合设计及规范标准的焊条进行焊接作业。

⑥在对每个批次的钢筋进行焊接前，均需按实际操作环境进行试焊，并通过监理的检验与试验，合格后方可进行批量焊接。焊接期间，确保作业区域具备防风、防雨、防雪措施。

⑦钢筋交叉点以铁丝牢固绑扎，绑扎接头的搭接长度及允许误差需严格遵守相关规范及设计要求。

⑧箱梁内的通气孔、泄水管等预埋件安装需精确遵循设计图纸，确保位置准确、固定牢靠。

（五）混凝土施工质量保证技术措施

①严格按照规定采用相同品牌的水泥、粗细骨料及外加剂，不仅能让混凝土的品质保持稳定，还能保证其表面色泽的均匀。

②依据拌和站提供的信息，精心挑选符合设计要求的商品混凝土，最终选择的方案需通过监理单位的严格审核，审核完成，才能付诸实施。

③做好混凝土浇筑前的准备工作：采用高压水枪进行深度清洁，确保模板内部不留任何杂物，然后，细致入微地封闭预留排水孔，为浇筑创造条件；预先准备发电机、混凝土输送泵等关键设备以及防雨措施，以应对施工中可能遭遇的突发状况，如电力中断、设备故障或雨天作业；对泵送与振捣混凝土的关键设备进行全面细致的检查，确认其处于最佳工作状态后，由项目试验室精确制订混凝土施工配合比，并派遣专业试验员驻守搅拌站，实施现场监督，确保每一批混凝土均严格遵循试验室标准精准配制，确保混凝土的质量符合要求。

④在混凝土到场以后，需要立即核验相关报告单，并进行混凝土坍落度测试，出现任何偏离规范标准的情况都要立即反馈给搅拌站进行调整，并严禁现场随意加水，以保证混凝土性能。

⑤卸料前，搅拌罐进行快速旋转，持续时间为 10~15 s，确保混凝土混合均匀，无离析现象。一旦发现离析，则重新搅拌至合格状态再行卸料。

⑥严格控制混凝土浇筑过程中的间歇时间，确保不超过混凝土的初凝时间，避免施工冷缝的产生。

⑦在混凝土浇筑的每一个环节中，都需要指派专人负责对模板、支架以及钢筋进行细致的检查，一旦发现任何潜在问题，必须立即采取相应的处理措施，确保施工安全与质量。

⑧统一使用指定品牌的脱模剂，严禁使用废机油等不合格产品，以保障混凝土外露面的粗糙度。

⑨在钢筋密布的区域进行混凝土浇筑作业时，运用振捣棒对混凝土实施充分的振捣处理，以确保混凝土能够均匀且无遗漏地渗透至模板的每个角落，从而使混凝土结构紧密与坚固。

（六）预应力施工质量保证技术措施

①对进场的预应力材料的包装、标志、规格、质量证明书进行检查，对钢绞线的表面质量、直径偏差和力学性能（抗拉强度、弯曲、伸长率等）进行检验，合格后方可投入使用。

②锚具、夹具及连接组件需历经详尽的外观检验流程，确保表面无瑕疵、无裂痕，并且尺寸精确度符合预设标准。此外，还需实施硬度测定以及锚固效能测试，充分保障锚具的稳固锚固能力，同时验证夹具具备高效自如的自锚以及松锚特性，确保结构安全。

③波纹管的制造过程必须严格依据设计标准，确保其既拥有足够的结构强

度，也兼备必要的刚度，从而有效抵御钢绞线穿束操作及混凝土浇筑期间的任何潜在应力，防止破损或形变。

④预应力材料在存储与应用阶段，应实施周密的保护措施，严防机械碰撞、污染及锈蚀等不利因素侵扰，以此维持其卓越的性能指标并延长使用寿命，确保预应力系统的长期稳定运行。

⑤张拉千斤顶系列、压力表及油泵等设备需遵循严格的配套检定制度，进行定期的全面检查。在操作过程中，一旦发现任何异常信号，必须即刻停止使用，并立即执行重新检定流程。

第八章　转体桥施工的应急体系和应急措施

在桥梁建设领域，转体桥作为一种特殊的桥梁结构，其独特的施工技术和工艺，对于跨越繁忙的交通线路、河流等复杂地形具有显著的优势。然而，由于其施工过程的复杂性和技术难题，转体桥的施工也面临着诸多挑战和风险。因此，制定一套科学、合理、有效的应急措施，对于保障转体桥施工的安全、顺利进行具有至关重要的作用。本章围绕转体桥施工应急体系、转体桥施工应急措施等内容展开研究。

第一节　转体桥施工应急体系

一、应急目标

坚定不移地遵循"安全第一、预防为主"的核心理念，同时强调"保护人员安全至上、环境保护优先"的基本原则。在实践中，深入贯彻"常备不懈、统一指挥、高效协调、持续改进"的应急管理方针[1]，以确保生产活动紧密贴合法律与经济活动的最新要求；为企业员工及施工场区周边居民营造一个更加安全、健康的工作与生活环境；确保各类应急资源始终处于最佳备战状态，随时准备应对可能发生的突发事件；精心规划并指导应急行动的有序进行；避免因组织不力或现场混乱而延误救援时机，从而最大限度地减少人员伤亡与财产损失；在实现应急行动快速响应、有序进行与高效执行的过程中，充分展现应急救援的"应急精神"。

---

[1] 王小闯. 某工程人工挖孔桩施工应急预案分析与制定[J]. 科技信息，2009（30）：684-685.

二、应急机构、人员职责及分工

成立抢险领导小组,明确责任分工。项目部应急预案领导小组及其人员组成、项目部抢险领导小组组织机构如表 8-1 所示。

表 8-1 组织机构

序号	姓名	职务	联系方式	备注
1		经理		
2		副经理		
3		总工		
4		安全总监		
5		工程部长		
6		物资部长		
7		综合部长		
8		安质部长		

三、应急材料、机具设备

(一)施工应急机械、设备、工具

应急救援资源包括应急救援队伍和应急救援器材、设备两个方面。应急救援队伍由训练有素的专业救援队伍和培训合格的人员组成。与现场、武警、消防、卫生、防疫、公安、医院等部门可用的应急资源、设备建立长期联系,确保联系畅通和抢救及时。对应急救援设备,如发电照明器材、登高车、切割焊接机械、挖掘装载机、抢险工程车、起重吊装机械、简单医疗急救设备、个体防护设备(呼吸器、防护服)等。提前足量储备,单独储存保管,不能挪作他用。应急救援物资在进场前必须有出厂合格证或材料品质证明,其性能与材质需经试验室检验合格,满足工程需要。不合格材料、不能满足需要或不能满足设计要求的材料,不能进场。

提前部署应急救援所需的设备和机械,并严格实行"定人定岗定设备"的责任制度。这意味着每个设备都有专人负责,每个岗位都有明确的职责。同时,定期维护和保养机械设备，以确保它们始终处于完好无故障的状态，随时能够投入使用。此外，还要特别关注救援指挥车辆、救援工程车辆以及医疗卫生车与司机的状态。这些车辆和司机在应急救援中扮演着至关重要的角色，因此必须确保其随时保持良好的状态。某工程应急救援设备如表8-2所示。

表8-2 某工程应急救援设备

序号	名称	型号/规格	单位	数量	放置地点	备注
1	汽车	北奔	辆	2	现场	
2	挖掘机	三一SY210	台	1	现场	
3	装载机	ZL50	台	1	现场	
4	吊车	QY25	台	1	现场	
5	发电机	400 kW	台	2	仓库	
6	对讲机	北峰BF-TD950	对	10	仓库	
7	担架		副	1	仓库	
8	急救药箱		个	1	仓库	
9	安全带		副	20	仓库	
10	作业标		个	2	仓库	
11	移动停车信号牌		个	4	仓库	
12	信号灯		盏	4	仓库	
13	喇叭		个	2	仓库	
14	防护旗		幅	4	仓库	
15	短路铜线		条	4	仓库	
16	起道机		台	4	仓库	
17	轨距尺		把	1	仓库	
18	编织袋	25 kg	条	1000	仓库	

续表

序号	名称	型号/规格	单位	数量	放置地点	备注
19	麻绳	Φ16	m	100	仓库	
20	土箕		对	5	仓库	
21	铁锹		把	5	仓库	
22	锄头		把	5	仓库	
23	捣固机		台	4	仓库	
24	拨道器		台	4	仓库	
25	六角撬棍		根	6	仓库	
26	河沙		m³	30	现场	
27	道碴		m³	30	现场	

（二）施工抢险备料

某工程应急物资储备如表8-3所示。

表8-3　某工程应急物资储备一览表

序号	物资设备名称	型号/规格	单位	数量	存放地点
1	安全隔离绳	Φ16	m	200	库房
2	工具车	江铃宝典	台	1	现场
3	急救箱		个	1	库房
4	电缆线	单相	m	100	库房
5	电缆线	三相	m	100	库房
6	应急灯		个	4	库房
7	移动配电箱		个	4	库房
8	雨衣		件	20	库房

续表

序号	物资设备名称	型号/规格	单位	数量	存放地点
9	防洪沙袋		个	1500	库房
10	防洪用铁锹		把	20	库房
11	潜水泵		台	4	库房
12	安全帽		项	30	库房
13	安全带		条	20	库房
14	防滑鞋		双	20	库房
15	救生衣		件	6	库房

第二节 转体桥施工应急措施

一、突发事件应急响应程序

（一）接警与通知

如果在作业施工过程中出现突发事故，项目现场的管理人员应立即利用对讲机等通信工具，迅速且清晰地向项目经理报告险情。报告内容需详尽而准确，具体包括紧急状况的具体性质、紧急情况的发生地点、紧急状况发生的时间、是否有人员伤亡情况、根据现场情况评估是否需要紧急医疗救援（如救护车）或公共安全力量（如警力）的介入，以确保及时获得必要的外部支持。若需要，应直接拨打离工地最近的医院急救电话和110等紧急求助电话。在紧急情况下，确保及时向上级主管部门详尽汇报事故状况是至关重要的。同时，现场人员需即刻启动警戒与疏散程序，以保障现场安全，并尽最大努力维护现场证据，以便相关单位开展后续工作。此外，为了最大限度地减少伤害与损失，对伤员与受损财产的紧急救援工作也必须迅速且有序地展开。在此过程中，现场项目部中最高级别的负责人将承担起指挥全局的重任，领导整个救援行动。项目经理需即刻召集抢救指挥组的全体成员，以及来自抢救、救护、防护等专项小组的专业人员，携带抢险工具与设备，迅速集结并赶赴事故现场。在事故现场，按照既定方案高效、有序地执行救援任务。

（二）指挥与控制

在事故现场，首先要迅速设置警戒线和警戒岗，以避免无关人员进入。同时，组织专业人员全力寻找受伤者，并及时安排非重要人员撤离到安全的集中地带，避免他们受到二次伤害。在整个过程中，确保工地内的抢险救护工作能够正常、有序地进行，以最大限度地减少事故带来的损失。在紧急情况下，首要工作是抢救组与项目经理携手合作，对险情进行全面而细致的勘查，明确是否存在尚未识别的危险源。经过紧张而高效的讨论与协商，他们制订出了一套切实可行的抢救方案。随后，项目经理迅速行动，向公司主管安全生产的副总经理进行详尽的请示汇报，以获得批准。一旦获得批准，项目经理将迅速组织实施该抢救方案。工地值班电工承担着至关重要的责任，他们负责迅速切断所有可能带来危险的低压电气线路电源，确保现场安全。若事故发生在夜间，电工还需及时接通必要的照明灯光，为抢险救援工作提供充足的光照条件。抢险组在确认事故现场已排除所有潜在危险源后，将立即投入伤员救护工作中，全力以赴救治受伤人员，确保他们的生命安全得到最大限度的保障。

（三）通信

为确保在紧急情况下能够及时有效地进行应对，项目部必须将关键联系电话如110报警电话、医院急救电话、项目部应急领导小组成员的手机号码以及当地安全监督部门的联系电话张贴在工地的显著位置，以便所有相关人员都能一目了然。同时，工地抢险指挥及保安员作为应急响应的重要力量，必须对这些电话号码烂熟于心，确保在紧急情况下能够迅速、准确地拨打相关电话，启动应急响应机制。

（四）警戒与治安

在安全事故发生时，安全保卫小组迅速响应，即刻在事故现场周边划定警戒区域，并实施严格的交通管制措施，以确保现场的安全和秩序。他们可以通过设立警戒线、摆放警示标志以及派遣专人进行巡逻等方式，有效维护事故现场的治安秩序，为后续的救援和调查工作提供了有力保障。

(五)人群疏散与安置

在疏散人员的过程中，务必保持有序，并在指挥人员的引导进行疏散。在面对突发情况时，保持冷静是至关重要的。切勿因恐慌而失去理智，以免引发混乱和拥挤，进而危及其他人员的安全。应当保持镇定，有序行动，以最大限度地减少潜在的伤亡风险，确保每个人的生命安全得到保护。

(六)信息发布管理

综合部作为项目部负责信息收集和发布的组织机构，其成员将承担起关键的信息管理职责。在事故发生时，综合部将发挥媒体般的作用，对事故的处理、控制、进展和升级情况等信息进行实时、全面的收集。在信息发布方面，综合部将根据实际情况，对事故信息进行筛选和整理，确保信息的准确性和针对性。同时，综合部将定期或不定期地向外界和内部提供真实的报道，内部报道将涵盖项目部内部及集团公司的相关部门，而外部报道则主要针对业主、监理、设计等单位，以确保各方对事故情况有清晰、全面的了解。

(七)恢复生产及应急抢险总结

在抢险救援任务完成后，将由监理单位牵头组织一次恢复生产会议，此次会议将邀请业主、设计、咨询等相关单位共同参与。会议的核心目标在于深刻剖析生产安全事故背后的根本性原因，基于这些原因，制定一套全面而具体的措施，涵盖安全强化、文明施工提升以及质量管理优化等方面，旨在确保生产活动能够安全、有序地恢复，并推动整体生产流程的持续优化与改进。

另外，在抢险工作圆满结束且生产活动恢复正常之后，全面地回顾、分析与总结应急预案的执行过程。这一环节旨在深入剖析应急预案在实战中的表现，精准识别出其中存在的任何不足之处或待改进之处。随后，针对这些发现的问题，进行细致入微的评审，并据此对预案进行相应的修订与完善。这一举措旨在完善和优化应急预案，以确保在未来的紧急情况下能够更加迅速、有效地响应，从而最大限度地降低安全风险和财产损失。

二、施工安全应急措施

(一)不能按时开通线路的应急预案

①不能按时开通线路时，先做好现场相应的防护措施后，项目经理亲驻现场，负责提前联系交通部门，提前 20 min 申请延点。

②联络员要盯紧车辆，联系调度，不准车辆进入事故现场。线路防护员分两头，负责拦截进道车辆。

③现场施工负责人要抓紧进度，预计施工结束时间，做出判断，决定是否继续施工，或者中断施工解除封锁。

④具备开通线路条件，要撤离人员、机具，不得侵限。申请开通线路。

（二）倾覆事故的应急预案

吊机倾覆事故以及吊装物的坠落事故造成财产损失和人员伤亡巨大，先做好现场相应的防护措施后，以便于对突发事件采取应对措施。

①基本装备：扳手、铁锹、撬棍、大绝缘剪。

②特种防护品和设备：绝缘鞋、绝缘手套、绝缘电木、千斤顶、手动葫芦、氧气瓶、乙炔瓶、气割设备、汽车吊、混凝土破碎设备。

③抢救组到达出事地点，在组长指挥下分头进行工作。

一是迅速查明险情，明确是否存在潜在的危险源。这要求对现场进行详尽的检查，包括但不限于确认断裂的高压、低压电线是否仍然带电，评估起重机及其他结构部件是否存在继续倒塌的风险，以及核实人员伤亡的具体状况。在全面而细致的评估基础上，与各方紧密协作，共同商定出一套高效可行的救援方案，并立即付诸实施，以最大限度地减少风险，保障人员安全。

二是防护组要承担关键的职责，他们会把出事地点附近的作业人员迅速疏散到安全地带，并设置警戒线，确保非救援人员不得靠近事故现场。

三是工地上的值班电工承担着关键职责，即负责在必要时迅速切断存在安全隐患的低压电气线路的电源，以确保工地作业环境的安全。

四是抢险组在排除继续倾覆或触电的潜在危险后，抢险组立即展开对伤员的救护工作。他们一边紧急联系救护车，一边迅速进行止血包扎等必要的急救措施，随后使用担架将伤员稳妥地抬上救护车，确保伤员得到及时送医治疗。

五是事故应急抢险完毕后，进行事故调查，找出事故原因、责任人以及制定防止再次发生类似的整改措施。

（三）光电缆设备损坏应急预案

在进行施工前，需与设备管理部门紧密合作，对红线范围内的管线进行详尽的调查和确认。为确保施工安全，施工前必须首先开挖探沟以精准定位管线位置。在开挖探沟时，需避免使用机械开挖方式，以防止对管线造成不必要的损害。一旦管线暴露出来，必须立即采取适当的保护措施，以确保其完整性。

如果在施工过程中不幸发生意外事故，导致管线被挖断，现场防护员必须立即启动应急响应机制。他们必须迅速联系相关设备管理单位，以便及时采取紧急措施，确保行车安全。具体的做法包括但不限于以下几点。

①现场防护员一旦发现事故，应立即向相关部门或单位报告，详细汇报事故发生的确切地点、初步判断的事故原因、现场目前的状况以及事故可能造成的损失等关键信息，以便相关部门能够迅速做出反应，尽快进行事故处理。

②现场防护人员按相关规定设置防护措施，在原地监视。

③当设备管理单位到达现场进行确认后，他们迅速制订紧急抢修方案。紧接着，他们立即组织人员、调配所需的机具和材料，以全力配合设备管理单位的抢修工作，确保在最短时间内完成修复，从而最大限度地减少对附近交通的干扰和影响。

（四）接触网断线或立柱失稳应急预案

如果发生承力索、接触网断线、立柱失稳事故，首先由安全负责人立即通知管理单位有关负责人，封锁影响的区间，按施工防护规定设置停车防护标识，并在已断导线或失稳立柱约 10 m 半径范围内不准有人接近。然后由应急领导小组组长迅速组织人员积极配合设备管理部门进行抢修。

具体抢修程序如下。

①在电力调度指示下，准备工作正式展开。首先，执行严格的验电接地程序，以确保作业区域的安全性。随后，设置好必要的防护措施，为抢修工作提供相应的保障。在一切准备就绪后，抢修工作将迅速而有序地进行。

②派遣专业人员前往指定的锚段关节位置开始作业。他们的首要任务是处理从滑轮组中脱出的补偿绳，通过细致的操作将其重新安置回滑轮内部，从而恢复补偿绳的正常功能。随后，他们要扶起倒置的坠砣，并利用铁线将其临时稳固地绑扎在支柱上，确保坠砣在后续作业中保持稳定。

③若接触线与承力索在同一跨距内发生断线情况，首要步骤是处理接触线的断头部分。与此同时，其他工作人员会按照接触线接头作业的实时进展，对承力索的断头进行初步处理。紧接着，他们需在承力索两个断头的适当位置安装紧线器，并利用手扳葫芦或滑轮组工具，将两个断头适度拉起，以便进行后续的修复工作。

④若接触线与承力索的断线位置不在同一跨距内，则需按照具体情况，科学规划并调配人员，同时开展接触线与承力索的断线接头修复工作。在进行接触

线接头线夹的安装作业时，负责承力索断线接头的人员需暂停与接触线相关的操作，以确保接触线接头线夹的安装工作能够迅速且高质量地完成。此类作业属于交叉作业范畴，因此，两组分别负责接触线与承力索接头的人员，在作业过程中需紧密配合，确保各环节协调顺畅。

⑤在承力索与接触线因断头损坏而需制作两个接头的情况下，依据具体状况，精心选用预制的连接线进行制作。整个制作过程中，严格把控质量与安全标准，确保接头的稳固性、耐久性及整体安全性。

⑥在制作整个接头的流程中，位于锚段关节的工作团队要紧密遵循断线位置的具体作业指令，以迅速且精准的方式提供必要的协助与配合，旨在保障整体工作的高效顺畅进行。

⑦进行吊弦的安装工作，并对已损坏的定位装置进行更换或修复，随后调整接触悬挂系统，确保其处于正确位置并稳定运行。

⑧在完成所有安装与修复工作后，对作业现场进行全面清理，确保无遗留物品或安全隐患。确认无误后，宣布作业正式结束。

（五）防台防汛应急预案

1. 防台风安全专项措施的主要内容

①安排专人收听天气预报信息，对现有防台预案与措施进行全面修订与完善，确保其科学性与实用性。同时，细致检查抗台所需的人力资源、机械设备及物资储备情况，确保在台风来临时能够迅速响应，有效应对。按照最新的台风预报信息，灵活调整生产计划，合理安排生产作业，以减少台风对生产活动的影响。此外，积极组织防台教育与演练活动，提高全体员工的防台意识与应急处理能力，以确保在台风来临时他们能够迅速、有序地采取应对措施。

②施工过程中的材料包装袋等较轻的东西，在台风到来时，容易吹到线路接触网上，影响线路运行安全，因而在施工过程中，将坚持做到"工完料清"，特别是对施工过程中产生的施工易飘垃圾进行及时有效的清除，保证施工平台上的洁净。

③接到进入三级防台风的指令后，停止抗风能力差的施工作业，临时结构要提前用锚索固定，最大限度地减少现场施工中的机械设备和人员投入，通过精细化管理确保施工效率与安全并重。同时，全面开展防抗台风准备工作，紧急召回经验丰富和专业技能过硬的防台风骨干人员，充分发挥他们在防抗台风工作的关键作用。根据实际需要，对抢险小分队进行灵活调整，确保队伍结构合理、战斗

力强。针对可活动设备，采取降低高度、缩小招风面等有效措施，以减少台风对其的影响。同时，对设备、设施进行加固处理，提高其抗风能力，确保在台风来临时能够保持稳定。建立每 8 h 一次的汇报机制，在此机制下，向相关部门、监理及业主等关键方详细汇报防台情况，汇报内容包括但不限于准备工作进展、存在的问题以及下一步工作计划等。

④当进入二级防台风阶段时，立即采取行动，全面停止所有施工作业，确保施工人员安全。同时，迅速切断电源，关闭施工现场所有发电和用电设备，以减少潜在的安全隐患。对于易于撤离的机械设备，尽全力进行撤离，而对于那些因特殊原因不便撤离的机械设备，采取相应的保护措施，确保其在台风期间的安全。此外，抢险人员、设备及物资应立即进入临战状态，随时准备应对可能出现的紧急情况。安排全时值班制度，并指派至少三人组成的专门巡查小组，对重点部位进行 24 h 不间断的巡查。在防台风期间，保持高度的信息沟通效率，确保每 1 h 向相关人员、监理及业主等关键方准确汇报当前的防台情况。若遇到紧急情况，应随时向上级报告。

⑤一旦进入一级防台风阶段，立即启动全员抗台风部署，全面执行防台风应急预案，确保各项防抗措施迅速到位，以应对台风带来的挑战。在此期间，若发生任何险情，立即启动抢险机制，迅速组织力量进行抢险救援，并第一时间向业主和当地有关部门报告险情，以便获得支持和协助。实行全时值班制度，由领导亲自带班，确保在关键时刻能够迅速决策、有效指挥。同时，严格按照规定时间报告现场风情，若遇到紧急情况，立即启动应急通信机制，随时向上级报告，以便及时采取应对措施[1]。

⑥发生人员伤亡时，立即启动安全生产险情及紧急情况反应预案，迅速组织抢救。

2. 防洪防汛安全专项措施的主要内容

进入大潮期和接大风预报时，修订完善防汛预案、措施，检查抗汛需要的人、机、物准备情况，安排抢险值班车辆，安排专人值班，及时接收传递信息；每天向车站人员、监理、业主报告汛情。

当潮位达到警戒水位时，根据实际情况迅速组织人员、机械设备及物资的撤离工作，确保所有可移动资源的安全转移。同时，为了实时监控汛情变化，派遣由至少三人组成的专门巡视小组，实行 24 h 不间断的巡视制度，确保对汛情的

---

[1] 郭永斌. 深海桥梁钻孔平台钢管桩施工技术[J]. 铁道建筑技术，2015（8）：26-29，42.

精准掌控。在巡视过程中，一旦发现险情，立即启动抢险机制，迅速调集抢险队伍和物资，采取有效措施进行抢险救援，防止损失扩大。同时，第一时间向相关部门、业主以及当地防汛部门报告险情，以便及时获得支持和协助。在汛期期间，保持高度的信息沟通效率，严格按照规定时间报告现场汛情。若遇到紧急情况或突发状况，立即启动应急通信机制，随时向上级报告，以便迅速采取应对措施，确保人员安全和生产安全。

（六）不可抗力自然灾害应急预案

①做好现场相应的防护措施后，指挥长发出警报令，项目部进行抢险救灾状态，抢险队及全体人员投入抢险工作。

②危险区隔离，标出警示。

③在项目经理的统筹指挥下，迅速而有序地组织人员撤离至预先设定的安全区域，确保每个人的生命安全得到保障。同时，将重要物资迅速搬离至远离潜在危险区域的安全地带，以防止其在台风等自然灾害中遭受损失或破坏。

④项目经理应在充分调研和精确评估的基础上，凭借其深厚的专业知识和敏锐的洞察力，精心策划并制订高效可行的抢险方案。为确保方案的顺利实施，应迅速调动起各类必要的机具、专业设备以及充足的材料资源，为抢险工作提供物质保障。

⑤抢险组长按照既定的抢险方案，将具体任务分配给各个小组成员，各小组成员则按照要求迅速而有效地完成任务。

⑥密切关注媒体和气象部门发布的关于事态后续发展的预测报告，以便及时了解灾害的最新变化，从而采取相应的应对措施。

（七）其他事故应急预案

当现场发生地下设施损坏的情况时，现场人员需立即停止所有施工活动，并迅速向调度人员报告。在汇报时，应详细说明事故发生的具体位置、具体时间、事故简要经过以及可能的影响范围等关键信息。随后，这一紧急情况应立即上报至项目部，并同时通知所有相关单位，确保信息传递及时准确。进入应急状态后，现场人员需保持高度警惕，注意保护好事故现场，避免现场被破坏。同时，要迅速为后续的抢险工作做好充分准备，包括调配必要的抢险物资、设备和人员，确保在接到抢险指令后能够迅速响应并有效处置。

如果损坏水管应立即联系水电工区，同时将水阀关死，组织人员开挖损坏水管周围，为抢修做好准备。同时准备水泵和连接电源，夜晚要安装临时照明，尽快修复水管。

如果有人员受伤，现场人员应积极组织抢救，就近快速使受伤人员得到治疗。

三、施工人身安全应急措施

（一）触电、静电伤人应急处理措施

①迅速判明触电位置。

②根据不同的触电原因，迅速制定施救措施，按规定停电，若不能停电时应采取有效措施（用绝缘棒移走电源，穿绝缘服、绝缘手套）使触电者迅速脱离电源。

③立即组织对触电人员进行抢救，出现昏迷时采取口对口人工呼吸、胸外心脏按压术、胸外心脏扣击术等方法，注意触电人员是否还有其他外伤（如流血等立即采取包扎止血）。

④及时联络救援人员、车辆和物资。

⑤尽快将触电者送至医院，在途中坚持抢救护理工作。

⑥死亡事故发生后必须及时报告项目部。

（二）火灾、爆炸应急处理措施

①应急小组接到通知后立即奔赴事故现场，迅速判明起火、爆炸位置。

②面对不同类型的火灾、爆炸，以及不同的燃烧物质，需要选择正确的灭火方法，并使用适宜的灭火设施和器材，以确保灭火行动的有效性和安全性。

③一旦公安消防队伍抵达火灾现场，所有参与灭火行动的单位和个人必须无条件地服从公安消防机构总指挥员的调度与指挥。这意味着在火场灭火工作的每一个环节，都必须紧密围绕总指挥员的统一部署展开，以确保灭火行动的有序、高效进行。同时，对于总指挥员发出的任何灭火命令，所有单位和个人都需严格遵照执行，不得有任何违抗行为。

④在成功完成灭火任务后，务必妥善保护火灾及爆炸的现场，确保现场的保持原貌，有助于协助公安消防部门进行深入的事故原因调查，准确核实火灾造成的具体损失，并全面查明事故的责任归属。同时，保护现场也是后续处理事宜提供有力支持的关键一环，确保所有相关方都能基于事实真相进行妥善处理与协商。

应急材料、器具清单：消防灭火器2个、水桶4个。

（三）人身伤亡事故应急处理措施

①发生伤亡事故立即向项目部领导报告。

②应急小组立即组织抢险队伍，进入应急状态，控制事故蔓延。

③救护小组及时联络救援人员、车辆和物资。

④正确快速地引导救援、救护车辆。对伤员正确施救。

⑤保护事故现场。

⑥死亡事故发生后必须及时报告公司安全管理部和公司领导。

（四）食物中毒、大面积中暑应急预案

①发生中毒、大面积中暑情况及时上报。

②应急小组立即召集救护小组，进入应急状态。

③判明中毒性质，采取相应排毒救治措施。

④如有需要尽快将患者送往医院救治。

（五）突发传染病应急预案

①发现疫情及时报告。

②调查发病原因，查明发病人数。

③控制传染病的传播，首要任务是严格控制传染源。针对已感染的病人，必须采取严格的隔离措施，将他们与未感染人群隔离开来，以遏制病毒的进一步扩散。此外，指派专人负责对隔离区域进行细致的管理，具体工作包括监督执行隔离措施、实时关注病人健康状况等。与此同时，迅速与附近的医院取得联系，通报病人的情况，并确保他们能够得到及时的救治。

④切断疾病的传播途径，对病人曾经接触过的所有物品，进行彻底的消毒处理，确保病毒无处遁形。在进行消毒操作时，应严格遵守安全防护规范。所有参与消毒的工作人员都要佩戴一次性口罩和手套，以避免与病毒直接接触，从而降低感染的风险。

⑤在传染病暴发流行的情况下，采取必要措施保护易感人群。生活区将实施封闭管理，限制人员流动，以防止疾病的进一步蔓延。

参考文献

[1] 丁泉顺.大跨度桥梁耦合颤抖振响应分析[M].上海：同济大学出版社，2007.

[2] 李乔，卜一之，张清华，等.大跨度斜拉桥施工全过程几何控制概论与应用[M].成都：西南交通大学出版社，2009.

[3] 张少锦，王中文，刘士林，等.珠江黄埔大桥大跨度桥梁建设与养护技术[M].北京：人民交通出版社，2012.

[4] 张鸿.大跨度桥梁沉井基础研究与实践[M].北京：人民交通出版社，2016.

[5] 栗怀广，郑凯锋.大跨度自锚悬索桥的设计与分析[M].成都：西南交通大学出版社，2016.

[6] 申爱国.桥梁工程施工技术[M].武汉：武汉大学出版社，2014.

[7] 鲁乃唯，刘扬.桥梁可靠度分析方法与应用[M].南京：东南大学出版社，2017.

[8] 刘军生，王社良，梁亚平.大跨空间结构施工监测及健康监测[M].西安：西安交通大学出版社，2017.

[9] 廖玉凤，王伟.大跨度悬索桥施工过程颤振稳定性分析及非线性影响因素探究[M].成都：四川大学出版社，2017.

[10] 张志田，葛耀君.大跨度桥梁非线性抖振及其对抗风稳定性影响的研究[M].上海：同济大学出版社，2018.

[11] 高军，林晓.高速铁路特殊结构桥梁力学特性与施工技术[M].武汉：中国地质大学出版社，2018.

[12] 杨阳.西部山区大跨度悬索桥风致振动研究[M].重庆：重庆大学出版社，2020.

[13] 徐恭义.大跨度铁路悬索桥设计[M].上海：上海科学技术出版社，2020.

[14] 孙中华，于科，李延佩. 复杂条件下桥梁建造关键技术 [M]. 北京：中国铁道出版社，2021.

[15] 占玉林，邵俊虎，刘海波，等. 大跨度空间曲线钢箱拱桥提升技术及理论分析 [M]. 成都：西南交通大学出版社，2021.

[16] 吴飞，裴辉腾，彭爱红. 大跨度钢管拱桥行人舒适理论与分析 [M]. 南昌：江西科学技术出版社，2021.

[17] 刘安双，马振栋. 山地城市大跨度轨道交通专用桥设计 [M]. 重庆：重庆大学出版社，2022.

[18] 陈晓虎，黎小刚. 山地城市大跨度轨道桥梁数智运维技术 [M]. 重庆：重庆大学出版社，2022.

[19] 赵林，葛耀君. 大跨度桥梁涡致振动效应、原理及气动控制措施 [M]. 上海：同济大学出版社，2022.

[20] 叶爱君，胡世德，范立础. 大跨度桥梁抗震设计实用方法 [J]. 土木工程学报，2001（1）：1-6.

[21] 金毅，朱淼岩，安志宏. 桥梁结构风致振动控制发展综述 [J]. 辽宁建材，2005（4）：82-83.

[22] 鲁建生，杨永宏，刘继龙. 保阜高速公路跨京广铁路转体桥称重试验研究 [J]. 铁道建筑技术，2009（5）：106-109.

[23] 王小闯. 某工程人工挖孔桩施工应急预案分析与制订 [J]. 科技信息，2009（30）：684-685.

[24] 张彬，包寰宇. 桥梁结构地震反应分析方法 [J]. 山西建筑，2009，35（28）：288-289.

[25] 褚松涛，曹少卫，高夕良. 成都东客站承轨层桥建合一结构设计施工综合技术 [J]. 科技资讯，2010（13）：88-92.

[26] 郭健. 跨海大桥建设的主要技术现状与面临的挑战 [J]. 桥梁建设，2010（6）：66-69.

[27] 黄景业. 水利工程项目管理中的 PDCA 方法 [J]. 河南水利与南水北调，2010（6）：71-72.

[28] 巩朝，杨美良，杨柯. 株洲湘江红港大桥主桥抗震性能分析 [J]. 四川建筑，2010，30（4）：180-182，185.

[29] 卢广山. 市政管养行业的安全管理工作 [J]. 科技与企业，2012（10）：33.

[30] 李建存.中宁县石碱公路上跨包兰铁路立交桥转体桥结构转体称重实验[J].民营科技,2014(9):179-180.

[31] 殷强.浅谈映秀至汶川高速公路桥梁抗震设计[J].四川建筑,2014,34(3):154-156.

[32] 郭永斌.深海桥梁钻孔平台钢管桩施工技术[J].铁道建筑技术,2015(8):26-29,42.

[33] 温巍.浅谈道路桥梁施工控制管理[J].科技创新与应用,2016(18):227.

[34] 刘爱林.芜湖长江公铁大桥设置式沉井基础施工关键技术[J].桥梁建设,2017,47(6):7-11.

[35] 邹敏勇,易伦雄,吴国强.商合杭铁路芜湖长江公铁大桥主桥钢梁设计[J].桥梁建设,2019,49(1):65-70.

[36] 袁树成.桥梁转体法施工技术创新与展望思考研究[J].工程建设与设计,2019(17):171-172,175.

[37] 易伦雄.主跨588 m非对称矮塔公铁两用斜拉桥设计研究[J].桥梁建设,2019,49(4):64-68.

[38] 马行川.不对称结构梁式桥水平转体的辅助支撑系统设计[J].工程技术研究,2019,4(17):16-18.

[39] 刘璐,张守城,陈丽军.某桥梁转体系统的局部应力分析[J].城市道桥与防洪,2019(2):85-87,12.

[40] 柳献,赵子蓬,叶宇航,等.类矩形盾构隧道结构极限承载力分析[J].同济大学学报(自然科学版),2020,48(9):1283-1295.

[41] 林永飞.建筑工程施工现场安全管理[J].居舍,2021(1):114-115,161.

[42] 侯利明.大跨径缆索承重桥静风稳定性研究[D].西安:长安大学,2012.

[43] 杨杨.溪洛渡水电施工项目质量管理体系研究[D].长沙:中南大学,2013.

[44] 安增东.山区风环境与斜拉桥的风致振动[D].西安:长安大学,2013.

[45] 李彬.基于现场实测的大跨度斜拉桥静风作用研究[D].湘潭:湖南科技大学,2014.